110665901

AMOUREUX OU DANGEREUX ?

Données de catalogage avant publication (Canada)

Samson, Alain

    Amoureux ou dangereux?: la violence conjugale

    (Collection Psychologie)

    ISBN 2-7640-0837-6

    1. Violence entre conjoints. 2. Amours. 3. Victimes de violence. 4. Relations entre hommes et femmes. 5. Violence entre conjoints – Prévention. I. Titre. II. Collection: Collection Psychologie (Éditions Quebecor).

HV6626.S25 2004   362.82'92   C2003-941853-7

LES ÉDITIONS QUEBECOR
7, chemin Bates
Outremont (Québec)
H2V 4V7
Tél.: (514) 270-1746

©2004, Les Éditions Quebecor
Bibliothèque nationale du Québec
Bibliothèque nationale du Canada

Éditeur: Jacques Simard
Coordonnatrice de la production: Dianne Rioux
Conception de la couverture: Bernard Langlois
Illustration de la couverture: Christophe Vorlet/images.com/Veer
Révision: Sylvie Massariol
Correction d'épreuves: Francine St-Jean
Maquette intérieure et infographie: Claude Bergeron

Nous reconnaissons l'aide financière du gouvernement du Canada par l'entremise du Programme d'Aide au Développement de l'Industrie de l'Édition pour nos activités d'édition.

Gouvernement du Québec — Programme de crédit d'impôt pour l'édition de livres — Gestion SODEC.

Tous droits réservés. Aucune partie de ce livre ne peut être reproduite ou transmise sous aucune forme ou par quelque moyen technique ou mécanique que ce soit, par photocopie, par enregistrement ou par quelque forme d'entreposage d'information ou système de recouvrement, sans la permission écrite de l'éditeur.

Imprimé au Canada

AMOUREUX
OU DANGEREUX ?

ALAIN SAMSON

LES ÉDITIONS
Quebecor
QUEBECOR MEDIA

Introduction

C'est peut-être normal...

Comment vous sentez-vous en ce moment, avec ce livre entre les mains ? Vous sentez-vous bien ou anxieuse ? Craignez-vous qu'on vous surprenne ? Que se passerait-il si votre amoureux vous surprenait en train de feuilleter ces quelques pages ? Cette seule pensée vous pousse-t-elle à reposer ce livre ? à trouver une justification quelconque ? (On vous l'a offert... Vous l'avez trouvé... Il était gratuit avec le numéro du mois d'un magazine féminin...) ou à continuer votre lecture en vous disant que ce qui doit arriver se produira de toute manière ?

Ces émotions sont-elles normales ? Votre relation amoureuse est-elle normale ? J'aimerais, au cours de la lecture que vous entreprenez maintenant, vous aider à déterminer si votre relation actuelle est saine sans que vous ayez à le demander à des personnes dont vous redoutez les réactions ou qui ne seront pas en mesure de vous répondre. J'aimerais vous aider à déterminer ce qui est normal dans ce domaine et ce qui ne l'est pas.

Le cerveau est un outil merveilleux mais, laissé à lui-même, il lui arrive de temps à autre de sauter aux conclusions et de nous faire considérer comme normaux des agissements qui ne le sont pas vraiment. Voyons quelques exemples.

Lilianne : « Chaque fois qu'il me voit parler à un autre garçon, il se met en colère. J'ai beau lui dire que je ne lui joue pas dans le dos, il ne veut rien savoir. J'aimerais demander à ma mère si c'est normal mais, si elle apprend que je couche avec Steve, elle va péter les plombs. Puisque je n'ai personne d'autre à qui me confier, je préfère me dire que la situation actuelle est normale dans un couple. »

Rachel : « Il a été charmant jusqu'à nos premières relations sexuelles. Depuis, il me traite comme si je lui appartenais. Il a même demandé à ses amis de me surveiller quand il n'est pas là. J'en ai parlé à quelques amies, mais elles n'arrivent pas à me croire. Elles me disent qu'il ne leur semble pas du tout violent, bien au contraire. De fait, il n'est pas le même quand nous ne sommes pas seuls. Je commence à croire que je me fais des idées. »

Lilianne n'ose pas parler de ses préoccupations à ses parents. Rachel a compris que ses amies ne pouvaient pas lui donner des réponses objectives. Toutes deux s'imaginent maintenant que le comportement de leurs petits amis est peut-être normal. Toutes deux ont besoin de ce livre.

Comme nous le verrons plus loin, vos premières amours auront un impact important sur le reste de votre vie. Elles influenceront votre estime personnelle, la qualité de vos contacts avec les autres, votre performance au travail et votre capacité à profiter de la vie. Il importe donc que vous partiez du bon pied.

Ce livre est-il pour vous ?

Les exemples dans ce livre présenteront surtout des jeunes femmes subissant de l'abus de la part d'un amoureux mâle. C'est le choix que nous avons fait. Le propos du livre, cependant, est beaucoup plus vaste. Car il arrive en effet que ce soit les femmes qui manifestent un comportement abusif envers les hommes. Il arrive aussi que la violence se présente plus tard dans la vie d'une personne. De même, l'abus et la violence ne sont pas l'apanage des relations hétérosexuelles. Ainsi, ce livre est pour vous si vous vous questionnez actuellement sur la qualité de votre relation amoureuse et si vous hésitez à aller demander de l'aide. Au sortir de votre lecture, vous pourrez prendre les décisions les mieux adaptées à votre situation.

Cette lecture pourra également vous aider si vous êtes un parent tentant de mieux comprendre ce qui se passe dans la vie de votre enfant ou si vous êtes un ou une amie souhaitant aider un être cher à sortir du cycle de la violence.

Au chapitre 1, intitulé « Une histoire d'amour », nous suivrons le cheminement d'une relation amoureuse. Vous serez ainsi en mesure de déterminer quel type de relation vous vivez actuellement.

Le chapitre 2, intitulé « Le cycle de la violence », vous permettra de découvrir comment la violence est vécue sur les plans émotif, physique, sexuel et spirituel dans un couple marqué par l'abus. Au sortir de ce chapitre, vous serez en mesure de constater si vous êtes dans une relation saine ou dangereuse.

Au chapitre 3, intitulé « Oui, mais... », nous dresserons l'inventaire de toutes les justifications que vous entretenez pour rester dans un couple malgré la violence. Ce sera le moment idéal pour faire un grand ménage dans les mythes qui rendent la violence plus supportable.

Il est possible, si vous vous rendez compte que vous vivez une relation abusive, que vous vous demandiez pourquoi votre amoureux se comporte de cette manière. Le chapitre 4, intitulé « Pourquoi fait-il cela ? », traitera justement des avantages que la violence confère souvent à un abuseur. S'il n'y trouvait pas son compte, il se comporterait autrement.

« Peut-il changer ? » C'est une question que nous nous poserons au chapitre 5. Certains abuseurs peuvent changer facilement, d'autres plus difficilement et certains sont carrément irrécupérables. Si votre amoureux est récupérable, nous vous proposerons des pistes d'amélioration.

Le chapitre 6 est intitulé « La grande décision ». Il traitera des moyens d'assurer votre protection si vous décidez de mettre fin à la relation et des sources d'aide à votre disposition.

Nous avons également cru bon d'inclure un chapitre destiné aux personnes qui souhaitent vous aider. Ce chapitre, intitulé « Pour les aidants naturels », conclura ce livre.

Vous méritez une relation amoureuse en santé, une relation qui vous permettra de vous épanouir et de vous affirmer. Il existe des couples où les partenaires peuvent afficher leur désaccord sans craindre les représailles. Il existe des couples dans lesquels aucun partenaire ne se sent menacé si l'autre connaît la réussite. Il existe des unions amoureuses sans violence.

Il est possible que vous subissiez actuellement des comportements qui vous détruisent tout en vous imaginant que ce sont des gestes normaux qui surviennent dans tous les couples. Au sortir de ce livre, vous serez en mesure de fixer vos limites et de déterminer ce qui est normal et ce qui ne l'est pas.

Chapitre 1

Une histoire d'amour

Imaginons un instant que nous sommes des anthropologues extraterrestres visitant la planète Terre dans le but de comprendre comment naissent et meurent les histoires d'amour. Comment présenterions-nous le fruit de notre travail à nos collègues, une fois de retour sur notre planète ? Nous ne débuterions pas en traitant du couple mais plutôt de l'individu. C'est en effet l'individu qui constitue l'ingrédient de base des histoires d'amour.

Un individu, trois frontières

L'humain est un être vivant en constante relation avec son environnement. C'est de cet environnement qu'il tire sa nourriture et son oxygène. Très jeune, il comprend qu'il n'est pas le monde qui l'entoure. Il arrive rapidement à saisir qu'il est distinct des autres êtres humains qu'il voit régulièrement passer au-dessus de son berceau. S'il arrive à bouger un de ses pieds, par exemple, le petit normal sait qu'il ne peut pas, par sa simple volonté, lever le pied d'une autre personne.

Sur le plan biologique, c'est sa peau qui établit où se termine et où commence le reste du monde. Sa peau, c'est une première frontière lui permettant de se différencier des autres êtres humains qui l'entourent. Nous l'appellerons la frontière biologique.

Sur le plan social, les êtres humains présentent également une frontière. C'est comme s'ils étaient entourés d'une bulle qui détermine à quelle distance les autres êtres humains doivent se trouver s'ils ne souhaitent pas passer pour des intrus. Cette bulle est constituée de quatre zones.

La première zone est la zone d'intimité; elle mesure entre 15 cm et 45 cm. La deuxième zone est la zone personnelle; elle va de 45 cm à 130 cm. La troisième zone est la zone sociale; elle atteint entre 1,3 m et 2 m. La quatrième zone, finalement, est la zone publique; elle se situe au-delà de 2 m.

Comment vous sentez-vous quand une autre personne ne respecte pas votre frontière sociale? Que vous dites-vous si un parfait inconnu vous parle à 5 cm du nez*?

Les êtres humains apprennent très tôt l'existence de cette frontière sociale et ils comprennent qu'elle fluctue selon les circonstances. Les deux exemples suivants l'illustrent assez bien.

En pénétrant dans un ascenseur déjà occupé par une autre personne, l'être humain normal se positionnera contre le mur le plus éloigné du premier occupant des lieux. S'il se plaçait directement derrière l'autre, dans sa zone d'intimité, il passerait pour un agresseur. À l'inverse, cette position deviendrait acceptable si l'ascenseur était bondé.

---

* Nous avons mis en italique les questions que vous pouvez vous poser tout au long de cette lecture.

Lors d'une chicane, l'être humain normal s'éloignera de son conjoint en faisant comme si la zone d'intimité (ou même la zone personnelle) lui était momentanément interdite.

Les êtres humains présentent également une troisième frontière, c'est la frontière intérieure. Tout être humain entretient une image de lui-même, image qu'il a créée au fil de son existence et qu'il raffine de jour en jour. C'est cette image qui lui permet de dire s'il aime les épinards, si la musique de Eminem l'intéresse, si le dessin lui plaît ou s'il se sent bien dans telle ou telle situation.

L'être humain sain est conscient de l'existence de cette troisième frontière. Il ne lui viendrait pas à l'idée de dire à une autre personne que cette dernière adore les épinards ou qu'elle n'aime pas la soirée et qu'il est temps de partir. Après tout, il n'a pas accès à l'image intérieure de l'autre. Il ignore ce que l'autre ressent et il ne peut pas lui imposer de penser comme lui. Ce n'est pas à lui de façonner l'image intérieure de l'autre.

Vos parents ont-ils déjà nié votre frontière intérieure ? Par exemple, alors que vous vous étiez fait mal en tombant, vous ont-ils dit de cesser de pleurer parce que « ça ne vous faisait pas mal » ? Qui étaient-ils pour décider que vous n'aviez pas mal ? Si de tels événements sont survenus fréquemment, il est possible que vous doutiez maintenant de ce que vous ressentez.

Quand un être humain refuse de respecter la frontière biologique, la frontière sociale et la frontière intérieure d'une autre personne, on dit que leur relation est abusive.

Voyons maintenant les phases de la relation amoureuse.

L'amour, phase 1

La première étape d'une relation amoureuse est marquée par le romantisme. Pendant cette étape, il est difficile pour l'être humain de penser à autre chose qu'au nouveau partenaire. En fait, il l'idéalise. Aux yeux de l'amoureux romantique, le nouveau conjoint est plus grand, plus beau, plus fort, plus gentil que tous les autres.

Fermez les yeux et rappelez-vous votre premier béguin. Que ressentiez-vous quand il était présent? Pensiez-vous tout de même à lui quand il n'était pas là? Quelle portion de la journée étiez-vous prête à lui consacrer?

L'être humain qui traverse cette première étape voit ses capacités d'imagerie mentale décupler pendant cette période. Il est en mesure de se dessiner mentalement un merveilleux avenir avec l'autre. Il est fréquent qu'il s'imagine qu'ils vivront toujours ensemble, qu'ils auront de splendides enfants et que leur futur sera merveilleux.

Il s'agit également d'une période pendant laquelle les défauts de l'autre sont perçus comme des qualités. Par exemple, il n'est pas jaloux; il est simplement amoureux fou; il n'est pas possessif, il est plutôt subjugué par son besoin d'être en compagnie de l'autre ; il n'est pas égoïste, il a juste tendance à insister quand il communique ses besoins.

Rappelez-vous le début de votre relation actuelle. Se peut-il que vous vous soyez refusé de voir des signes précurseurs de ce qui vous tombe maintenant sur les nerfs ?

À ce moment, ce n'est pas vraiment l'autre que le conjoint voit, mais plutôt un portrait idéalisé de celui-ci. Certains ne voudront jamais quitter cette vision et ils deviendront violents le jour où ils remarqueront que ce conjoint n'est pas parfait et qu'il ne correspond pas entièrement au portrait idéalisé qu'ils avaient brossé au début.

Pendant cette première phase de la relation, les deux amoureux ont tendance à vouloir fusionner leurs frontières sociales. C'est comme s'ils vivaient dans leur propre bulle. Ils sont toujours ensemble ou, quand ce n'est pas possible, ils sont au téléphone ou ils clavardent dans Internet. Il leur arrive de négliger leurs amis, leurs familles et leurs travaux scolaires. Leur entourage les perd de vue.

Cet isolement peut s'avérer fort dangereux si l'un des deux amoureux est de type contrôlant. C'est la raison pour laquelle il est fréquent qu'un futur abuseur ridiculise les membres de la famille de l'autre, qu'il l'encourage à quitter son emploi ou qu'il lui parle négativement de ses amis. Il lui dira donc « nous n'avons pas besoin d'amis ; nous sommes ensemble maintenant » en laissant entendre que les autres sont une entrave à cet amour naissant.

?

Avez-vous été encouragée à négliger vos parents ou vos amis au début de cette relation? L'avez-vous fait? Quel effet cela a-t-il eu sur votre perception de ce que constitue une relation normale? Votre conjoint est-il devenu la seule personne en mesure de vous présenter la vérité et la réalité?

L'amour, phase 2

Au début de la deuxième phase, les deux amoureux remettent les pieds sur terre. Ils réalisent qu'ils s'étaient fait une image idéalisée de l'autre et ils commencent à le voir avec plus de réalisme. À ce moment-là, un des deux partenaires peut souhaiter mettre fin à la relation; le couple se retrouve alors en phase 3.

Durant la deuxième période, donc, les partenaires redécouvrent leurs amis ou leur famille, où ils reprennent le retard accumulé dans leur travail (scolaire ou non) et pendant lequel leur relation devient davantage nourrissante.

Par relation nourrissante, nous entendons une relation permettant aux deux partenaires de grandir et de s'épanouir. Les partenaires cessent de s'idéaliser et ils acceptent de faire un bout de chemin ensemble. Ce parcours sera plus ou moins long, selon les histoires d'amour, mais il permettra à chacun, sans mettre sa passion de côté, d'aider l'autre à se dépasser, à devenir encore meilleur.

La passion fait alors place à la complicité. Les deux partenaires se révèlent à l'autre sans honte; ils savent qu'ils seront acceptés tels qu'ils sont. Ils ne se sentent pas en danger si l'un d'eux a besoin d'un peu de temps seul ou s'il a envie de passer une soirée avec ses amis. Ils n'ont pas l'impression d'être dévalorisés si l'un d'eux obtient une note parfaite à un examen ou se voit offrir un bon emploi. En fait, les succès de chacun sont autant d'occasions de célébrer.

Votre conjoint actuel a-t-il tendance à dévaloriser vos réalisations en expliquant que ce n'est rien ou que vous avez été chanceuse ? Êtes-vous la seule à vous ouvrir à l'autre et avez-vous l'impression qu'il se cache derrière une façade ? Dans ce cas, vous ne vivez pas un amour nourrissant.

Dans certains cas, la phase romantique ne débouchera ni sur une rupture ni sur un amour nourrissant. Pour ces couples, la deuxième phase de la relation amoureuse deviendra un amour oppressant. Par amour oppressant, nous entendons une relation amoureuse dans laquelle au moins un des partenaires décide qu'il a à ce point besoin de l'autre qu'il doit lui refuser le droit de protéger ses frontières biologiques, sociales et intérieures. Voyons quelques exemples.

Yvon refuse d'accepter le fait que Rachel ne corresponde pas tout à fait au portrait qu'il s'en était fait au départ. Chaque fois qu'elle n'agit pas en conformité avec ce portrait idéal, il fait comme si elle n'existait pas. Il l'ignore.

Samuel est à ce point jaloux qu'il exige de savoir constamment où est Mirella. Cette dernière ne peut plus parler qu'à deux amies. C'est comme si Samuel l'avait intégrée dans sa propre frontière sociale. Elle est prisonnière.

Hier, alors qu'ils étaient au resto, Julien a décidé que Marlène mangerait un hamburger au fromage. Quand elle a protesté, Julien lui a fait signe de se taire en lui disant que c'était son mets favori.

Dans une relation amoureuse oppressante, un des partenaires doit s'oublier, renoncer à ses frontières et se fondre dans l'autre. C'est l'amour fusionnel. Il lui faut oublier ses intérêts, son cercle d'amis et ses passions. La seule chose qui doit meubler ses journées, c'est sa relation avec son partenaire.

Vivez-vous un amour oppressant? C'est le cas si vous avez l'impression d'avoir de moins en moins de contrôle sur votre vie. C'est le cas si vos rencontres sont de moins en moins agréables et qu'elles ont fait place à la colère et aux excuses. C'est également le cas si vous craignez constamment de mettre votre partenaire en colère et que, pour éviter que cela se produise, vous cessez de prendre des décisions personnelles afin qu'il décide pour vous.

La relation oppressante constitue un terreau de choix pour faire grandir l'abus et la violence. Plus une telle relation dure longtemps, plus il devient dangereux de la maintenir ou de s'en sortir. Elle peut facilement se transformer en une véritable prison.

L'amour, phase 3

La troisième phase de la relation amoureuse est caractérisée par la rupture. Il y a plusieurs décennies de cela, cette rupture avait lieu quand l'un des deux conjoints décédait. C'était l'époque du « jusqu'à ce que la mort nous sépare ».

Il arrive encore que ce soit les décès qui provoquent les ruptures, mais c'est de moins en moins fréquent. Dans la majorité des cas maintenant, ce sont les partenaires qui se rendent compte, souvent après la phase 1 de leur histoire d'amour, qu'ils ne seront pas en mesure d'aller plus loin ensemble et qu'il vaut mieux tirer un trait sur la relation. Dans ce cas, la décision est partagée par les deux partenaires.

Dans d'autres cas, c'est un des partenaires qui décide de partir. L'autre peut choisir d'accepter cette décision ou s'y opposer. S'il s'y oppose dans le cadre d'un amour oppressant, il y a danger en la demeure. Nous traiterons, au chapitre 6, des réactions que le partenaire risquant d'être abandonné peut alors manifester.

Après la rupture, chacun des partenaires vit une période plus ou moins longue de guérison, période au cours de laquelle chacun fait le deuil de l'union qui vient de se terminer. Au sortir de cette période, il est prêt pour une nouvelle relation.

À quelle phase de la relation amoureuse êtes-vous ?
Qu'est-ce qui vous pousse à répondre de cette manière ?

Il arrive également qu'après une rupture, le couple se donne une autre chance et reprenne la relation en phase 2. Cette option peut être choisie à deux ou imposée par un des partenaires, qui a alors recours au chantage ou aux menaces.

En résumé, une histoire d'amour humaine peut être représentée par la figure 1. Les prochains chapitres traiteront particulièrement de la relation amoureuse oppressante et de la rupture.

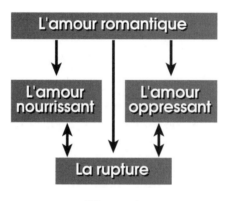

Figure 1

Que pensez-vous de ce modèle ? Existe-t-il une phase que nous avons oublié de présenter ? Pensez à vos relations antérieures ou à celles de vos amies et tentez de mettre des dates sur chacune des flèches.

Notez que nous utiliserons les noms des phases de la relation amoureuse et les noms des frontières tout au long de ce livre.

Chapitre 2

Le cycle
de la
violence

Chaque phase de la relation amoureuse repose sur certaines bases et il importe, avant de décrire le cycle de la violence, de distinguer les bases de l'amour nourrissant et celles de l'amour oppressant. L'amour nourrissant se distingue des autres formes d'amour parce que c'est le seul qui renferme les trois caractéristiques suivantes :

- La *mutualité*, c'est-à-dire le désir de contribuer à la croissance et au mieux-être de l'autre ;

- Le *respect*, c'est-à-dire la capacité d'accepter que l'autre puisse être différent et qu'il ne partage pas toujours nos opinions ;

- La *poursuite des objectifs personnels de chaque partenaire*. Les partenaires d'un amour nourrissant ne s'engagent pas uniquement dans la réalisation de buts communs ; chacun partage également les objectifs personnels de l'autre et tente de contribuer à leur réalisation.

À l'opposé, la relation amoureuse oppressante se caractérise par la recherche du pouvoir et le désir de dominer l'autre dans le but qu'il se conforme à l'idée qu'on se fait du partenaire idéal. Dans une relation amoureuse oppressante, un des partenaires se sent justifié de recourir à la violence afin d'obliger l'autre à se conformer à la fausse image qu'il se faisait de lui pendant la phase romantique de la relation. Selon les situations, il aura recours à la violence émotionnelle, à la violence physique, à la violence sexuelle et à la violence spirituelle. Nous allons maintenant présenter quelques manifestations de chacun de ces types de violence.

La violence émotionnelle

Pour plusieurs raisons, la violence émotionnelle est très insidieuse. Tout en faisant mal, elle ne laisse pas de trace. Et comme elle est souvent administrée en secret, l'entourage de la victime peut avoir de la difficulté à la croire lorsque celle-ci en parle.

La violence émotionnelle peut également plonger la victime dans une grande torpeur (Comment se fait-il qu'il m'ait traité de grosse truie, alors que cinq minutes plus tôt, il disait m'aimer?) et dans le doute (Se peut-il que j'aie imaginé tout ça et que rien ne se soit passé hier?).

Elle constitue souvent une intrusion dans la frontière intérieure de la victime parce que l'agresseur définit cette balise à sa place. Nous traiterons des autres effets de la violence au chapitre 4. Contentons-nous pour l'instant de décrire ses diverses formes.

Le retrait

Quand un abuseur adopte une attitude de retrait, il se mure dans le silence et fait comme si sa victime n'existait plus. Ce type de violence survient souvent quand cette dernière a agi d'une manière contraire à l'image que l'agresseur souhaiterait lui imposer.

Gisèle : « Fred avait loué un film et il est arrivé en me disant que j'allais l'adorer. C'était un film violent et sans véritable histoire. Au bout de trente minutes, j'ai sorti un roman que j'avais déjà entamé et je me suis mise à lire. Dix minutes plus tard, il s'est levé, a fermé le magnétoscope et est parti. Il est revenu au bout d'une heure, mais il ne m'a pas parlé pendant trois jours. Au bout de trois jours, il m'a accusée d'agir comme s'il n'avait pas de goût en matière de cinéma. Je me sentais moche de ne pas avoir écouté le film avec lui. »

Souvent, l'abuseur qui pratique le retrait prendra un air mélancolique qui plongera encore plus sa victime dans la confusion, le doute et la culpabilité. Lors de ces épisodes, si la victime lui demande ce qui ne va pas, il répondra vaguement par « Non, non, je vais bien » ou « Ça ne t'intéresserait pas vraiment ».

Il lui arrivera également de feindre de ne pas entendre ou de paraître occupé afin de ne pas répondre. Dans la majorité des cas, le message est le même : « Si tu acceptais de jouer le rôle que je t'ai décerné, je serais gentil et compréhensif. Tant que tu t'entêteras, je serai distant et je te refuserai la mutualité à laquelle tu t'attends. »

Lui arrive-t-il de vous imposer ce type de comportement ? Dans quelles circonstances ? Dans quel but ? Quelle facette de votre personnalité souhaite-t-il vous encourager à réprimer ? Pourquoi ?

Le désaccord systématique

Il y a désaccord systématique quand l'abuseur s'amuse à nier tout ce que sa victime dit. Si elle dit qu'il fait chaud dans l'appartement, l'abuseur répondra qu'il n'en est rien et que c'est tout à fait confortable. Si la victime avance une opinion politique, il lui répondra par une opinion contraire. Le but inavoué de ce comportement est d'établir qu'une seule opinion compte vraiment dans le couple : celle de l'abuseur.

En fait, il n'est pas rare de voir l'abuseur contredire la victime même lorsqu'elle se contente de répéter ce qu'il vient de dire. Les désaccords sont pourtant normaux dans un couple ; ils mènent à une discussion, à un échange des différents points de vue de chacun. Mais quand le désaccord est systématique, il n'est pas question de discuter.

À la longue, le désaccord systématique mine la confiance de la victime à l'égard de ce qu'elle ressent et de l'interprétation qu'elle donne aux événements. C'est comme si l'abuseur s'immisçait dans sa frontière intérieure et qu'il en prenait les commandes.

Lui arrive-t-il de vous contredire sans raison apparente et sans justification ? Le fait-il uniquement pour avoir raison et pour que vous ayez tort ? À quand remonte son dernier épisode de désaccord systématique ?

L'humour malsain

Dans une relation nourrissante, l'humour fait grandir la mutualité et permet l'établissement d'une bonne complicité. Il en va autrement dans une relation oppressante.

Julie: « Il entretenait exprès des propos nébuleux et, quand il était visible que je ne l'avais pas compris, il y allait d'un *La terre à Thérèse, la terre à Thérèse!* Ça faisait bien rire nos amis. Il n'y avait que moi qui ne riais pas. »

Macha: « Au début, il ne cessait de rire de ma manière de conduire. Après un certain temps, j'ai cessé de conduire quand il était avec moi. De cette façon, je n'avais pas à l'écouter. »

L'humour malsain nuit à l'estime personnelle de la victime et parfois à son image publique s'il survient en présence d'autres personnes. Remarquez qu'il faut qu'il y ait répétition dans le temps pour que l'humour constitue une agression. Il arrive que cette attitude soit une simple maladresse et que le partenaire s'en excuse sitôt qu'on lui en parle.

Lui arrive-t-il de faire des blagues qui vous blessent? Quand vous vous en plaignez, vous répond-il en vous disant que vous n'avez pas le sens de l'humour?

Les rebuffades

Quand une victime communique à l'abuseur son mécontentement face à un comportement ou à des paroles déplacées, il arrive que ce dernier mette un terme à la discussion en lui disant que sa réaction est soit hors de proportion, soit infondée.

Voici une liste des rebuffades qui peuvent alors surgir. Remarquez qu'on pourrait commencer chacune d'elles par un simple « Ferme donc ta gueule ! ».

- « Tu fais des montagnes avec des riens. »
- « Il faut tout le temps que tu trouves une raison de te plaindre. »
- « On dirait que tu cherches la chicane. »
- « Tu sautes bien trop facilement aux conclusions. »
- « T'es trop sensible. Tu pognes les nerfs avec rien. »
- « T'as trop d'imagination. »
- « Laisse faire. Tu ne comprendrais pas, de toute façon. »
- « Je ne vais tout de même pas te l'expliquer une autre fois ! »

Ce type de remarques, utilisées pour clore immédiatement une discussion, constitue une attaque directe de la frontière intérieure de la victime. C'est comme si l'abuseur lui disait de ne pas se fier à ses propres perceptions et de lui demander son avis avant de décider comment elle doit se sentir ou comment elle peut évaluer la situation.

Reconnaissez-vous votre partenaire dans cette description? Nous parlerons plus loin de la façon la plus efficace de répondre aux rebuffades.

Les accusations

L'abuseur qui souhaite contrôler sa victime et pouvoir lui faire porter le blâme pour son propre comportement aura souvent recours aux accusations.

> **Audrey:** «Dès que je discutais un peu avec un ami, que ce soit à la polyvalente ou dans une fête, il m'accusait de flirter. Avec le temps, pour lui prouver que je ne flirtais pas, j'ai commencé à porter des vêtements plus amples et j'ai cessé de me maquiller. Mais ça n'a pas suffi. Ce qu'il voulait, c'est que je ne parle à personne.»

> **Élise:** «Une fois dans la voiture, il a donné un violent coup de poing dans le panneau de bord. "Si tu ne tentais pas d'aguicher tous les mâles, m'a-t-il dit, je ne perdrais pas la carte comme ça." Il laissait entendre que c'était ma faute s'il venait de me traiter de salope devant tous mes amis!»

Avec le temps, les accusations finissent par semer le doute chez la victime. Puis, elle modifiera ses comportements afin d'éviter d'autres accès de colère chez son amoureux. (S'agit-il bien d'un amoureux? Nous continuerons à utiliser ce mot parce que, dans l'esprit de la victime, c'est bien de cela qu'il s'agit.)

?

Vous arrive-t-il d'être accusée de manière injustifiée ? Essaie-t-il de vous faire croire que vous avez provoqué son comportement abusif ? A-t-il tendance à vous crier après quand il s'emporte de cette manière ?

Le sentiment d'obligation

L'abuseur n'hésite pas à recourir au chantage émotionnel pour obtenir ce qu'il veut. Pour ce faire, il dictera certains comportements à sa victime en la culpabilisant et en remettant en question sa frontière intérieure.

Pascale : « Il m'a dit que si je l'aimais vraiment, j'accepterais de coucher avec lui. Il a même rajouté qu'il avait dépensé une fortune au restaurant pour moi, ce soir-là. Je me suis vraiment sentie mal et j'ai dit oui. »

Josée : « Noël approchait rapidement et je souhaitais discuter de ce que nous ferions de cette journée. Il m'a regardée en me disant que le jour de Noël, un bon garçon visitait ses parents et qu'il ne voulait pas passer pour un enfant sans-cœur. Notre journée venait d'être planifiée. »

Les arguments sur lesquels repose l'utilisation du sentiment d'obligation sont rarement fondés. Par exemple, nul n'est obligé de coucher avec quelqu'un à la suite d'une sortie au restaurant ; l'abuseur, lui, a tendance à présenter ce genre de « remerciements » comme des obligations incontournables.

S'agit-il vraiment d'abus? Encore une fois, c'est le caractère répétitif qui le confirmera. De tels propos peuvent en effet se retrouver à l'occasion dans un couple partageant un amour nourrissant.

Tentez pendant une semaine d'évaluer votre processus de décision. Quand vous décidez de faire une chose, la faites-vous parce que cela vous tente ou parce que vous vous sentez obligée? Dans le deuxième cas, demandez-vous si ce sentiment d'obligation vient de vous ou s'il vous a été imposé par votre amoureux.

Les menaces

Pour les manipulateurs, la capacité de faire naître la peur chez une victime constitue une arme de choix. Dans un couple vivant une relation oppressante, les premières manifestations de cette peur sont souvent le résultat de menaces.

Carl: « Si tu ne me donnes pas ce dont j'ai besoin, je devrai aller voir ailleurs. Ce ne sera pas vraiment te tromper puisque tu me refuses quelques petites caresses. »

Roberto: « Si j'étais toi, je ne sortirais pas avec tes amies ce soir. Pas si tu tiens vraiment à la vie de ton petit chien! »

Joël: « J'arrive à me retenir mais, si tu refais cela encore une fois, tu vas le regretter. »

Quel est l'objectif de ce genre de menaces? Attaquer directement le sentiment de sécurité de la victime et la déstabiliser parce qu'elles proviennent de son amoureux. La victime aura tendance à plier l'échine et tentera de trouver des justifications à son comportement. Nous traiterons de ces justifications au chapitre 3.

Les menaces sont particulièrement efficaces dans le cas d'une relation homosexuelle quand l'un des partenaires menace de dévoiler à l'entourage de l'autre son orientation sexuelle si celle-ci n'est pas encore connue.

Êtes-vous souvent menacée? Comment réagissez-vous aux menaces? Si vous obtempérez chaque fois, vous encouragez ce comportement. Mais vous sentiriez-vous en sécurité si vous refusiez la menace? Les études tendent à démontrer que nos pressentiments sont fondés; si vous avez peur de votre amoureux, ce sentiment est tout à fait justifié. Ne l'ignorez pas.

Les punitions

Les punitions peuvent être avouées ou non. Par exemple, il manque de l'argent dans votre portefeuille (et vous soupçonnez votre amoureux de l'avoir pris) ou vous retrouvez en plusieurs morceaux un objet que vous aimiez particulièrement. Parfois, l'abuseur avouera qu'il a commis le méfait (mais, évidemment, il affirmera que vous l'aviez provoqué) et d'autres fois, il niera.

Ce que votre partenaire fait quand il vous punit de la sorte, c'est refuser l'existence de votre frontière sociale. Vos choses sont devenues les siennes et il en fait ce qui lui tente. Si vous vous soumettez, vous faites désormais partie de sa propre bulle.

Avez-vous vécu de telles punitions récemment ? Elles peuvent quelques fois avoir été déguisées en accident. Comment vous êtes-vous sentie ? Quel bénéfice votre partenaire en a-t-il retiré ?

Les épithètes

Prenez garde si votre partenaire vous crie des noms. Cela peut vouloir dire qu'il s'apprête à passer au stade de la violence physique. Il est en effet fréquent qu'un abuseur dépersonnalise sa victime en la traitant de chienne ou de vache avant de s'en prendre à elle physiquement.

C'est la même chose en politique. Un chef d'État ne dira pas à ses soldats qu'ils devront tuer des êtres humains comme eux. Il choisira plutôt de leur dire qu'ils vont libérer le monde de tyrans, de terroristes et de monstres dangereux. Cette dépersonnalisation aide les soldats à chasser leur sentiment de culpabilité.

Carole : « C'est très insidieux. Les premières fois qu'il m'a traitée de putain parce que je parlais à d'autres gars, j'ai été surprise mais, peu à peu, le mot a perdu de son effet. Je suppose qu'il est possible de s'habituer à tout. »

Anne-Marie : « Je sais que je dois me la fermer s'il me traite d'idiote ou d'épaisse. Si je m'entête à ce moment-là, je vais recevoir une gifle ou un coup dans le ventre. »

Remarquez également que l'intonation peut transformer un petit nom gentil en menace que seule vous serez en mesure de saisir. S'il vous appelle chérie en utilisant le ton qui annonce la tempête, vous saurez qu'il est temps de vous taire et les amis avec qui vous vous trouvez n'y verront que du feu.

Comment vous appelle-t-il quand il est en colère? Dans quelles circonstances utilise-t-il ces noms? Que se passe-t-il alors si vous lui dites de vous appeler par votre prénom?

Le déni systématique

Ce dernier exemple de violence verbale peut donner à la victime l'impression qu'elle devient folle. Dans ce cas, l'abuseur nie systématiquement ce qu'il a dit ou ce qu'il a fait quelques minutes ou quelques jours auparavant, au vu et au su de la victime.

Paul: «Es-tu folle? Je n'ai jamais dit ça.»

Rachid: «Je me demande comment tu t'es mis cette idée en tête. Je n'ai jamais dit que je souhaitais prendre des vacances cet hiver.»

Jonathan: «Tu perds la boule! Nous n'avons jamais parlé de cela.»

Pour une personne qui n'a jamais subi ce genre de violence, cette attitude peut sembler peu dangereuse. Pour celles qui le vivent, cependant, c'est un véritable enfer. Elles en viennent à se poser des questions sur leur santé mentale et à passer leurs journées dans un état d'engourdissement mental qui leur permet de ne pas tenter de comprendre ce qui se passe vraiment.

La violence physique

La violence physique n'implique pas nécessairement que des coups vous aient été portés. Si on vous a maintenue contre votre gré pour vous empêcher de quitter les lieux, vous avez été violentée physiquement.

Chantal: «J'ai dit que je voulais quitter la fête et il m'a dit que ce n'était pas le temps, que nous avions du plaisir. Quand je suis malgré tout partie, il m'a suivie et, dès que nous avons été hors de portée de vue de ses amis, il m'a poussée par terre et m'a laissé entendre que je devais rentrer et donner l'impression que je m'amusais.»

L'utilisation de la violence physique a trois objectifs : 1. restreindre vos mouvements; 2. vous contrôler; 3. vous faire peur. Comme nous le verrons plus loin, un événement impliquant la violence physique est rarement un incident isolé. Si votre partenaire vous a frappée, il y a de fortes chances qu'il vous frappe encore. Parmi les formes de violence physique, on retrouve :

- les égratignures;
- la tentative d'étouffement;
- les brûlures;
- la projection par terre, dans une case, etc.;
- le tordage d'un bras;
- le tirage des cheveux;
- l'utilisation d'un objet pour frapper;
- les gifles;

- les coups de poing;
- les coups de pied;
- les crocs-en-jambe.

Si vous n'avez pas souffert de ce type de violence, n'allez pas pour autant conclure que nous imaginons tout cela et que nous exagérons. Il y a des femmes qui, chaque jour, doivent subir ce type d'assaut.

Nous verrons, au chapitre 4, pourquoi un être humain sain d'esprit adopte malgré tout ce type de comportement.

? *Avez-vous été violentée physiquement? Il se peut très bien que cette violence ait pris une autre forme que celles que nous venons de décrire. Ces violences vont-elles en croissant? Où s'arrêteront-elles?*

La violence sexuelle

Il existe plusieurs types de violence sexuelle. Si des propos négatifs sont émis à propos des membres de votre sexe, il s'agit de violence sexuelle. Si on s'adresse à vous en utilisant des mots à caractère sexuel, il s'agit de violence également. Si on vous oblige à des rapports sexuels dont vous n'avez pas envie, vous êtes violentée.

Le sexe et les faveurs sexuelles ne sont pas des marchandises. Nul ne peut vous dire que vous lui devez une faveur sexuelle parce qu'il vous a offert un cadeau ou parce qu'il vous a invitée au resto ou au cinéma. Dans le cadre d'un amour nourrissant, les contacts sexuels arrivent naturellement, quand les deux partenaires en ont envie.

Il en va autrement dans une relation oppressante. Dans une telle relation, ce sont les raisons suivantes qui justifient les relations sexuelles.

Véronique : « Depuis le temps que je rêvais d'avoir un petit ami... Toutes mes amies en avaient un ! J'avais bien trop peur qu'il me largue si je disais non. Une fille seule, ça fait un peu rejet. Je ne voulais par faire rejet. »

Marilène : « Il m'a dit que j'étais laide et que personne d'autre que lui ne voudrait de moi. Il m'a dit qu'il resterait avec moi si j'acceptais d'avoir des relations sexuelles. Au bout de quelques jours, j'ai finalement accepté. »

Katherine : « Dès que j'ai eu dit oui une fois, il s'est mis à agir comme si je lui appartenais. Il n'était plus question qu'il me demande si ça me tentait ou non. C'est lui qui décidait quand notre couple avait envie de s'envoyer en l'air. »

Johanne : « Il m'a dit que si ça ne me tentait pas, ça devait être parce que je prenais mon pied ailleurs. Il voulait savoir avec qui je couchais à part lui. Il me questionnait sans arrêt. Pour mettre fin à ce harcèlement et pour lui prouver que je ne couchais avec personne d'autre, j'ai fini par lui dire oui. »

Quelques fois, la violence sexuelle suit la violence physique. Pour l'agresseur, c'est une manière de prouver que vous vous aimez encore même s'il a dû utiliser la manière forte pour vous « remettre à votre place ». S'il arrive à obtenir un bon orgasme, il en déduira que vous êtes réconciliés. Allez donc comprendre...

Êtes-vous victime de violence sexuelle? Que ressentez-vous à la lecture de cette section? Vous reconnaissez-vous dans les témoignages de Véronique, de Marilène, de Katherine et de Johanne?

La violence spirituelle

Votre spiritualité, c'est ce qui fait de vous un être unique, un être pensant et aimant. Bien que ce volet englobe la vie religieuse, cet aspect ne constitue qu'une partie de votre vie spirituelle.

Vous subissez de la violence spirituelle quand vous êtes attaquée dans vos croyances, dans vos intérêts et dans vos goûts. La violence spirituelle vous draine de votre énergie et de votre individualité.

Mélanie: «De tout temps, j'ai aimé dessiner. C'est une passion. Marc a commencé à me dire que si je cessais mes cours de dessin le mercredi soir, on pourrait se voir plus souvent. Au bout d'un mois, j'ai accepté. Si vous saviez comme dessiner me manque!»

Sue: «J'ai beau ne pas être pratiquante, j'ai tout de même été élevée dans la foi catholique. Chaque fois que Gilles ridiculise mes parents à cause de leur pratique religieuse, ça me fait un peu mal.»

Ginette: «J'avais toujours rêvé d'écrire des romans policiers. En fait, je m'étais donné pour objectif d'écrire au moins une page par jour. Un jour, Éric a lu mon manuscrit et m'a suggéré d'abandonner mon rêve. Il m'a expliqué que le texte ne valait pas grand-chose et qu'aucun éditeur n'en voudrait. Il a recommencé le lendemain, me priant de m'occuper de lui au lieu de perdre mon temps. Au fil du temps, j'ai peu à peu cessé d'écrire.»

Pourquoi un partenaire qui vous aime s'entêterait-il à user de violence spirituelle à votre égard? Il y a au moins trois raisons qui peuvent expliquer ce comportement. Dans un premier temps, en vous poussant à abandonner vos projets personnels, il s'assure que vous êtes constamment à sa disposition. Quand Éric devait attendre que Ginette ait terminé l'écriture de sa page avant de lui parler, il avait l'impression qu'elle lui échappait, ne serait-ce que quelques minutes. En tuant ses projets d'écriture, il la ramenait dans sa bulle sociale.

Dans un deuxième temps, la violence spirituelle isole la victime. Marc n'aimait peut-être pas que Mélanie assiste à des cours de dessin. Elle aurait pu y rencontrer des types bien plus intéressants que lui et ces personnes auraient pu lui confirmer que certains de ses agissements n'étaient pas très normaux. En faisant en sorte que Mélanie abandonne ses cours, il la ramenait dans sa propre bulle sociale et pouvait davantage contrôler le nombre de personnes qu'elle rencontrait dans une journée.

Dans un troisième temps, l'abuseur craint votre réussite. Dans un amour nourrissant, si Ginette trouvait un éditeur et que son roman était publié, son conjoint s'en réjouirait; dans une relation oppressante, il souhaite continuer à dominer sa partenaire, à lui être supérieur. Il craint en fait que Ginette ait un talent dont il ne dispose pas. Il la perçoit comme une concurrente et il fera tout ce qu'il peut pour éviter qu'elle connaisse le succès.

Êtes-vous victime de violence spirituelle ? Vous retrouvez-vous dans les témoignages de Mélanie, de Ginette et de Sue ? Quelles conséquences ces violences ont-elles sur votre niveau d'énergie ? sur le plaisir que vous ressentez chaque jour ?

Le cycle de la violence

Quelle est la question que se posent le plus fréquemment les personnes qui sont témoins de violence dans un couple ? Vous l'avez deviné : pourquoi reste-t-elle avec lui ?

Vous venez de lire des descriptions de la violence émotionnelle, de la violence physique, de la violence sexuelle et de la violence spirituelle. Vous vous êtes peut-être reconnue dans ces exemples et vous vous êtes probablement posé la même question. Nous y répondrons plus en profondeur au chapitre 6. Contentons-nous, pour l'instant, de dire que le partenaire violent n'est pas toujours agressant; il peut, à l'occasion, jouer les princes charmants.

C'est ici qu'intervient le cycle de la violence. Tout comme la marée, la violence connaît des hauts et des bas. En effet, après l'étape de l'amour romantique (phase 1), les conjoints redescendent sur terre et apprennent à se voir tels qu'ils sont. Certains le font de bon gré, tandis que d'autres refusent d'envisager la réalité. Pour illustrer ce qui se passe alors, prenons l'exemple de Stéphanie et de Germain, deux collègues de cégep.

Tension à la hausse

Stéphanie et Germain vivent une vie de couple étudiant normale. Ils se voient entre les cours, sortent ensemble les week-ends et se rencontrent un ou deux soirs par semaine. C'est moins qu'avant mais, au sortir de la phase 1, Stéphanie s'est rendu compte qu'elle avait pris du retard en classe et elle essaie présentement de le combler.

Germain n'apprécie pas ses soirées d'étude, qu'il perçoit comme une tentative d'éloignement de sa part. Dans un couple vivant un amour nourrissant, il le lui dirait, tous deux en discuteraient et ils en viendraient à une entente. Mais Germain n'est pas du genre à discuter, il préfère ne pas parler. Il choisit plutôt de semer l'événement dans son jardin des ressentiments.

Le jardin des ressentiments, c'est un endroit du cerveau où Germain stocke les choses qu'il n'aime pas au lieu d'en parler. Une fois plantés dans ce terreau fertile, les événements grandissent, grandissent, grandissent et deviennent hors de proportion. Stéphanie veut étudier mais, dans l'esprit de Germain, elle souhaite s'éloigner de lui et, dans deux semaines, il risque de s'être mis dans la tête qu'elle rie de lui dans son dos et qu'elle profite de ces prétendues soirées d'étude pour batifoler avec d'autres gars.

Le couple en est à la première phase du cycle de la violence (tension à la hausse), comme l'illustre la figure 2.

Stéphanie ressent probablement déjà un malaise quand elle rencontre Germain, mais elle n'arrive pas à comprendre ce qui se passe. Ce malaise ira croissant à mesure que plusieurs événements se produiront.

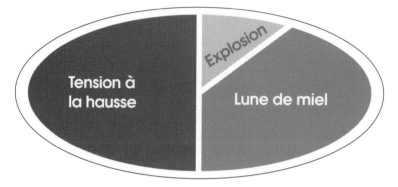

Figure 2

Le moindre désagrément que percevra Germain se retrouvera rapidement dans son jardin des ressentiments et le rythme des semences qu'il y déposera ira croissant. Germain deviendra bougon, brusque et impatient. Quand Stéphanie lui demandera ce qui ne va pas, il refusera de répondre ou il l'accusera pour des peccadilles qu'elle trouvera sans intérêt. « Qu'a-t-il donc aujourd'hui ? se surprendra-t-elle à se demander, il est bizarre, ces temps-ci. »

Peu à peu, les remarques ou les accusations se feront plus directes. Germain accusera Stéphanie de s'habiller de façon trop osée. Pour le calmer, elle changera de vêtements, mais les accusations reviendront sous d'autres formes (son maquillage lui paraîtra trop provocant, par exemple).

Si Germain l'appelle un soir et qu'elle n'est pas à la maison, Stéphanie devra lui rendre des comptes. Il ne croira pas, par exemple, qu'elle était simplement partie au dépanneur. Ces épisodes effraieront Stéphanie et, s'il ne croit pas à ses réponses même si elle lui dit la vérité, elle sera tentée d'en inventer d'autres pour le calmer.

Stéphanie se sentira de plus en plus nerveuse, que Germain soit présent ou pas. Ses résultats scolaires en pâtiront. À ce stade, elle pourrait certes décider de mettre un terme à la relation, mais elle se rappellera alors du Germain du début, celui duquel elle est tombée amoureuse. Dans ces moments, elle tentera de justifier son comportement en trouvant des raisons qui, même pour elle, sonneront plus ou moins faux.

Pendant tout ce temps, la tension grandira entre les deux partenaires. Stéphanie ressentira ce qu'elle sent quand un orage se prépare à l'horizon et qu'il semble sur le point d'éclater.

Pour certaines victimes, cette période est tellement insupportable qu'elles tenteront alors de provoquer l'autre afin de causer l'explosion. Elles préféreront en effet subir une violence immédiate que de l'attendre pendant des jours.

Êtes-vous déjà passée par cette phase ? Combien de fois ? Comment vous sentiez-vous alors ? Avez-vous une impression de déjà-vu en lisant ce texte ? Avez-vous déjà pensé que votre situation était unique et que personne d'autre ne vivait une telle angoisse ?

L'explosion

Puis se présente la goutte qui fait déborder le vase. Ce peut être un événement banal, voire ridicule, mais Germain en profite pour exploser et, à ce moment, Stéphanie croit être devenue une héroïne du film *Docteur Jekyll et Mister Hyde*. Germain l'attaque en la traitant de putain et de menteuse, puis, lorsque Stéphanie tente de quitter la pièce, il la pousse violemment contre le mur. Elle ne sait que faire et tente de se protéger du mieux qu'elle peut.

Alors le calme revient, tout comme cette période de grand apaisement suivant un orgasme. L'explosion n'a pas duré très longtemps, mais Germain se sent apaisé. De son côté, pendant ce temps, Stéphanie tente de comprendre. Comment se fait-il que son amoureux ait agi de la sorte? Quelle mouche l'a piqué? Qu'a-t-elle fait pour le provoquer?

Avez-vous déjà vécu une telle explosion? À combien de reprises? Avez-vous remarqué que, d'une explosion à l'autre, la violence se fait plus violente encore?

La lune de miel

Même si le jardin des ressentiments de Germain est maintenant vide, son apaisement est de courte durée. En revenant à lui, il réalise que quelque chose de grave vient de se passer et que le rapport de forces entre lui et Stéphanie vient d'être modifié.

Après ces mauvais traitements que son copain vient de lui imposer, Stéphanie serait justifiée de mettre fin à la relation. Elle pourrait même révéler ses gestes à leurs amis, ce qui pourrait nuire à sa réputation. Pis encore, s'il a sombré dans la violence physique, elle pourrait porter plainte à la police. Il est dans de beaux draps.

? *Avez-vous remarqué la progression des conséquences possibles dans le paragraphe précédent? Les abuseurs ont beau « perdre la tête », ils n'oublient pas de gérer leur image publique. Celle-ci est très importante pour eux.*

Germain se doit donc de lancer une campagne de séduction, comme il en était capable au début de la relation. Il fera tout pour regagner sa princesse. Si elle lui ferme la porte, il lui téléphonera, lui enverra des fleurs ou d'autres cadeaux. Si elle accepte de le voir, il n'hésitera pas à pleurer, à lui demander pardon et à lui confirmer son amour.

Dans certains couples, c'est généralement à ce moment qu'un achat important sera effectué. L'abuseur va peut-être même offrir à sa victime un cadeau ou une sortie qu'il n'a pas les moyens de se permettre et va simplement porter cette dépense à sa carte de crédit.

Il est alors possible que Stéphanie le regarde dans les yeux et lui demande directement pourquoi il a agi de la sorte. C'est à ce moment, généralement, que le couple construit des mythes qui expliquent le comportement de l'abuseur et l'excusent en même temps. Nous traiterons de ces mythes dans le prochain chapitre.

Tout semble donc être revenu à la normale. Stéphanie se sent vraiment amoureuse. En fait, elle redécouvre presque la fièvre de la relation romantique. Tout va bien.

Si vous avez vécu plusieurs lunes de miel de ce genre, comment les avez-vous trouvées? Avez-vous remarqué qu'elles deviennent de moins en moins agréables avec le temps? C'est parce que vous savez qu'elles ne dureront pas éternellement. Stéphanie, elle, ne le sait pas encore.

Un nouveau cycle

Germain finit par en avoir marre de l'équilibre du pouvoir qui s'est installé dans le couple. Stéphanie ne devrait pas avoir le dessus sur lui; il s'est amplement excusé. Il lui en veut même un peu de l'avoir obligé à faire tous ces efforts pour la reconquérir. Ce sentiment, il le sème alors dans son jardin des ressentiments. Un matin, il reçoit le relevé de sa carte de crédit et remarque la dépense folle qu'il a faite pour la reconquérir. Il se demande alors si elle veut sa perte et il sème la dépense dans son jardin des ressentiments.

La tension recommence à monter mais, cette fois, les choses seront légèrement différentes. On remarque en effet qu'à mesure qu'un couple passe et repasse par le cycle de la violence, ce dernier subit quelques modifications:

• Avec le temps, la durée totale du cycle est de plus en plus courte et les explosions, de plus en plus fréquentes;

- Avec le temps, les périodes de lune de miel finissent presque par disparaître parce que la victime n'est pas dupe. Elle a compris comment fonctionnait le cycle;

- Avec le temps, les agressions sont de plus en plus violentes parce que l'agresseur se dit que si elle n'a pas compris par la manière douce, elle comprendra sûrement par la manière forte.

Nous avons commencé cette section en nous demandant «Pourquoi reste-t-elle?». Il existe plusieurs raisons possibles:

- C'est peut-être parce qu'il a attaqué son estime de soi. S'il lui a suffisamment dit qu'elle était laide et que personne d'autre que lui ne voudrait d'elle, elle peut avoir fini par le croire;

- C'est peut-être parce qu'elle s'accroche à l'espoir de revivre la période de l'amour romantique qui a marqué les débuts de la relation. Un tel fantasme est irréalisable, mais nous verrons, au chapitre 5, qu'il est possible dans certains cas de provoquer un changement de comportement chez l'être aimé;

- C'est peut-être parce qu'elle est isolée. Il est possible que, sans emploi et sans amis, ayant coupé les ponts avec sa famille, elle ne sache pas où aller. Cette situation est encore plus criante quand l'abuseur s'est arrogé le contrôle entier des finances du couple;

- C'est peut-être parce qu'elle a peur. Les menaces de Germain sont à ce point efficaces que Stéphanie craint pour sa vie ou celle d'un être cher si elle s'en va. Dans les couples avec enfants, quelques menaces bien lancées peuvent suffire à l'attacher à la maison.

?

En passant, ça n'est jamais une bonne idée de faire un enfant en se disant qu'une fois qu'il sera responsable d'un petit être, l'agresseur se prendra en main. Cela ne se produit pas. Au contraire, un agresseur finit par être jaloux du temps qui est accordé au bébé.

Et puis, Stéphanie n'a peut-être même plus conscience de l'abus. C'est ce qui se produit si, pour fuir la situation, une personne se lance dans la consommation de substances lui permettant de se déconnecter de la réalité.

?

Et vous, pourquoi restez-vous? Ne vous contentez pas des réponses que nous venons de vous proposer. Trouvez votre propre réponse et demandez-vous si elle est viable à long terme. Rappelez-vous que la violence ira en croissant et que c'est tôt dans la relation qu'il est préférable de rompre.

Suis-je en danger?

Il est possible que vous vous soyez reconnue dans plusieurs des exemples de violence que nous vous avons présentés dans ce chapitre et que, malgré tout, vous ne vous considériez pas comme étant en danger. Il est même possible que vous trouviez ces agissements normaux dans un couple contemporain. Après tout, il faut bien faire quelques sacrifices et accommoder l'autre quand on souhaite être deux...

Vous aurez l'occasion, dans le prochain chapitre, de reconnaître quelques-uns des mythes que vous entretenez peut-être pour vous faire croire que ce n'est pas grave et que tout va s'améliorer. Mais, pour l'instant, en conclusion de cet important chapitre, voici quelques pistes de réflexion qui vous permettront de vous demander si vous êtes bel et bien en danger.

- Avez-vous pris l'habitude de cacher aux autres personnes qui gravitent dans votre entourage les habitudes de votre amoureux ? Dans l'affirmative, se pourrait-il que vous ayez peur qu'elles vous encouragent à le quitter ? Tentez-vous de nier ce qui vous arrive actuellement ?

- Avez-vous peur d'afficher votre désaccord quand votre partenaire émet un commentaire ? S'il vous disait, par exemple, qu'une de vos amies est malsaine et que vous ne devriez pas la fréquenter, votre crainte de sa réaction vous pousserait-elle à limiter vos rencontres avec elle ?

- Qu'en est-il de vos autres activités ? Vous arrive-t-il de vous sentir en prison chez vous ? Craignez-vous d'avoir d'autres activités et de fréquenter d'autres personnes que votre partenaire ? Pouvez-vous parler à qui vous le souhaitez au travail ou à l'école ?

- Si vous avez eu des relations sexuelles, ont-elles toujours été consensuelles ? Vous sentez-vous obligée de dire oui à ses requêtes, même si elles vous dégoûtent ou si vous n'en avez pas envie ?

- Avez-vous peur de votre partenaire ? Craignez-vous ses réactions et avez-vous cessé d'être vous-même en sa présence ? Si c'est le cas, le cycle de la violence est bel et bien enclenché.

Si vous avez répondu par l'affirmative à une seule de ces cinq séries de questions, continuez votre lecture. Il se peut fort bien que vous soyez en danger.

Chapitre 3

Oui, mais...

Vous êtes toujours là ? Tant mieux. Laissez-moi vous présenter un mécanisme merveilleux du cerveau humain qui nous permet de ne pas perdre les pédales et de continuer à nous apprécier malgré nos erreurs. Nous appelons ce mécanisme la rationalisation.

Supposons que, ce midi, pour vous changer les idées, vous vous rendiez au centre commercial et que vous visitiez un disquaire. Vous n'avez besoin de rien (en fait, vous n'avez pas les moyens d'acheter quoi que ce soit), mais vous avez envie de magasiner un peu. Vous tombez sur le disque qui manque à votre collection de votre artiste préféré. Il est à un prix légèrement inférieur au prix courant. Vous vous dites que vous le méritez bien et vous l'achetez. En quittant le disquaire, vous ressentez une grande culpabilité. Cet argent, après tout, était déjà engagé ailleurs. Vous avez succombé à un achat impulsif.

Que faites-vous immédiatement ? Vous pouvez vous dire que c'était un titre rare et qu'il fallait saisir l'occasion. Vous pouvez vous expliquer que vous avez passé un avant-midi difficile et qu'il est normal que vous vous récompensiez un peu. Vous pouvez vous dire qu'une telle aubaine ne revient pas souvent. Vous pouvez...

Peu importe le raisonnement, vous vous sentez mieux dès que vous l'avez formulé et accepté. Ce mécanisme qui vous permet de justifier un événement, c'est la rationali-sation. Si vous maintenez une relation amoureuse vio-lente, il est probable que vous l'utilisiez déjà à outrance.

Rationaliser pour ne pas devenir folle

Il vous a battue hier et, logiquement, vous ne devriez pas avoir besoin de vous retrouver près de lui aujourd'hui. En temps normal, vous devriez avoir pris vos jambes à votre cou et vous être réfugiée là où il ne vous trouvera pas.

Mais au lieu de tout cela, vous êtes avec lui. Cela n'est pas sans créer un malaise dans votre esprit. Se pourrait-il que vous n'ayez pas de jugement? Se pourrait-il qu'il vous fasse trop peur et que vous ayez choisi de jouer les sou-mises? Se pourrait-il que vous ayez perdu la faculté de réfléchir?

Ces pensées ne sont pas agréables. Pour chasser le ma-laise qui vous envahit, vous devez trouver une raison au fait que vous êtes toujours avec lui, sinon, votre estime personnelle s'en trouvera affectée. Pour trouver cette rai-son, vous avez recours à la rationalisation.

Vous n'arrivez pas à rationaliser suffisamment pour justifier le fait de ne pas l'avoir fui? Ne vous en faites pas. Il va vous aider à trouver une raison qui vous permettra de vous accrocher à lui et d'espérer retrouver les sentiments que vous ressentiez au début de votre relation. Il va vous fournir de mauvaises raisons pour ne pas fuir.

Les fausses raisons

Nous allons vous présenter dans les pages qui suivent une série de défaites qui peuvent expliquer que votre petit ami a pété les plombs, qu'il s'est emporté et qu'il a usé de violence envers vous. Il est possible que vous ayez déjà adopté une de ces raisons pour justifier le fait que vous restiez avec lui. Sachez que, la plupart du temps, ces raisons sont infondées. Elles ne servent qu'à vous accrocher à l'idée que le dernier épisode violent était accidentel et qu'il ne se répétera plus.

Raison n° 1 : il a subi de l'abus dans ses relations amoureuses précédentes.

Il s'agit de l'excuse classique de la personne qui tentera de vous contrôler par tous les moyens possibles. Si vous entendez cet aveu au début de la relation, restez sur vos gardes.

Voici comment les choses se passent généralement. Au début de la relation, alors que vous en êtes à la phase romantique, votre nouveau partenaire vous explique qu'il n'est pas vraiment prêt à s'engager, que les blessures causées par son ancienne flamme sont toujours béantes et qu'il ne souhaite pas revivre ce qui vient de se passer dans sa vie. Les explications peuvent varier, mais elles reviennent au même.

Marc: «Ma dernière blonde n'arrêtait pas de flirter à gauche et à droite. Tout le monde savait que j'étais cocu. Tout le monde, sauf moi, bien entendu.»

Liam: «J'ai été six mois avec Kate. Elle m'a fait très mal. Elle n'arrêtait pas de me dire que mes opinions ne valaient rien et qu'elle avait toujours raison. Je me sentais dévalorisé auprès d'elle.»

Ce type d'aveu a quatre effets sur la future victime. Dans un premier temps, il active l'instinct maternel ou le désir de protéger. Dans un deuxième temps, il encourage le genre de réponse suivante:

Lyse: «Je ne suis pas comme ça. Je suis plutôt du genre fidèle. Je comprends ce que tu as vécu et je t'assure que tu ne le vivras pas avec moi.»

Tania: «Je suis très respectueuse des opinions des autres. Je comprends que tu n'aies pas tenu longtemps avec Kate!»

Dans un troisième temps, il dresse la table pour des accusations dès que commencera le cycle de la violence en permettant à l'agresseur d'accuser sa victime de lui avoir menti.

Marc, après avoir dit à Lyse qu'il l'avait vue en train de parler avec un autre garçon pendant le cours de maths: «Tu es comme les autres. Je le savais. Toutes les filles sont des putes. Je n'aurais pas dû m'engager aussi facilement...»

Liam, après que Tania lui a dit qu'elle préférait regarder un film de Meg Ryan plutôt que le dernier Stallone: «Dire que je pensais que tu n'étais pas comme les autres et que tu saurais respecter mes opinions. Mais non!»

Dans un quatrième temps, il vous permet de supporter les agressions en vous disant que c'est normal qu'il ait les nerfs à fleur de peau après tout ce qu'il a enduré dans le passé. Bref, s'il doute constamment de votre fidélité, c'est la faute de sa blonde précédente et s'il fait une crise chaque fois que vous n'êtes pas d'accord avec lui, c'est la faute de Kate. Il n'est donc jamais responsable de ses actes violents.

Si possible, et ce, dès le début de la relation, assurez-vous qu'il a vraiment subi les abus qu'il vous décrit. C'est une relation nourrissante que vous visez. Vous ne souhaitez pas devenir sa prochaine victime.

Raison n° 2 : il a eu une enfance malheureuse.

La logique derrière cette excuse est la suivante: ayant grandi dans une famille dysfonctionnelle où on le violentait, il a dû, pour survivre à ces mauvais traitements, développer des mécanismes de défense qui ressemblent quelques fois à de l'abus. Si on lui avait appris d'autres comportements, c'est d'autres comportements qu'il utiliserait aujourd'hui. En somme, c'est une victime.

Il n'existe pas de lien direct entre le fait d'avoir vécu une enfance malheureuse et la possibilité de devenir un abuseur plus tard. Il y a des gens qui ont vécu une enfance malheureuse et qui sont tout à fait respectueux de leur partenaire. À l'opposé, il existe des gens qui ont été élevés dans la ouate et qui deviennent des abuseurs.

Cette excuse ne tient donc pas la route. Chaque être humain a le pouvoir de décider de ce qu'il fait ou de ce qu'il ne fait pas. N'en voulez donc pas à ses parents s'il vous frappe : ce ne sont pas eux qui vous ont rudoyée.

Remarquez cependant que s'il a été élevé dans un environnement où les femmes étaient systématiquement abaissées, il aura de la difficulté à vous considérer à votre juste valeur. Nous reviendrons sur cet indice, et sur bien d'autres, dans le chapitre 5.

Raison n° 3 : c'est ma faute…

Si ce n'est pas à cause de sa famille ou à cause de ses « ex », serait-ce à cause de vous qu'il s'emporte de la sorte ? Voyons quelques exemples.

> **Juan,** au début de la relation : « Si tu te comportais mieux, aussi ! Ce n'est pas facile de savoir que tu flirtes à gauche et à droite. Mets-toi à ma place ! Tu ferais la même chose si nos rôles étaient inversés. »
>
> Juan, quelques années plus tard : « C'est normal que je m'énerve un peu. J'ai des responsabilités. Je travaille pour nous faire vivre. Je ne passe pas mes journées alangui sur le canapé à regarder des émissions stupides ! Si tu étais une meilleure mère et que tu tenais mieux la maison, je ne m'énerverais pas en rentrant du travail. »

Une note sur le dernier exemple s'impose ici. Les abuseurs qui reprochent à leur partenaire de ne rien faire de ses journées et de rester à la maison sont généralement ceux qui, pour mieux la contrôler, ont convaincu cette même partenaire de laisser ses études, son emploi et ses amis.

S'il peut vous rendre responsable de ses agissements, les gains sont doubles pour l'agresseur. D'un côté, il se trouve disculpé et, de l'autre, il augmente son pouvoir sur vous parce que vous avez quelque chose à vous faire pardonner.

Raison n° 4 : il m'aime ; c'est normal qu'il soit jaloux !

Il peut être tentant d'accepter ce mythe. Cela permet en effet à la victime de confirmer son souhait le plus cher (il m'aime) et de rationaliser le fait qu'elle reste dans une relation violente.

Mais, si séduisant qu'il soit, ce mythe ne tient pas la route, lui non plus. La jalousie peut certes mener à la violence, mais elle n'est pas un signe d'amour. Au contraire, c'est un signe d'insécurité. Le partenaire qui ressent de la jalousie perçoit davantage son partenaire comme une possession et non comme une personne avec qui faire un bout de chemin dans la vie.

Si vous vous entêtez à rester avec un individu qui fait régulièrement des crises de jalousie infondées, son sentiment d'insécurité deviendra rapidement une prison dont vous aurez du mal à vous échapper. La jalousie paranoïaque n'est pas un signe d'amour ; c'est une maladie dont vous ferez inévitablement les frais.

Raison n° 5 : il retient ses émotions et, forcément, il finit par exploser.

Avant de commenter ce cinquième mythe, présentons deux commentaires d'amoureuses régulièrement violentées. En lisant ce qu'elles disent, demandez-vous si vous leur ressemblez un peu.

Mireille: «Nous étions à la fête et Pierre me tournait autour depuis un petit moment. Vers 22 heures, Paul m'a agrippé par le bras et il m'a tirée vers l'extérieur en remerciant les autres pour l'excellente soirée. Une fois dans la voiture, il m'a giflée avant de me dire de ne jamais lui refaire honte comme ça. Il est comme ça: il accumule frustration sur frustration et, au bout d'un moment, il explose. Dès le lendemain, il s'est excusé.»

Roxanne: «Robert éprouve de la difficulté à communiquer ce qu'il ressent. Il endure et endure, puis, au bout d'un moment, il perd la boule. Ça se produit généralement à la maison, la fin de semaine. Il voit rouge et il me crie après. Je suis tout de même persuadée qu'avec le temps et à force de mieux communiquer, j'arriverai à l'aider à se débarrasser de ce handicap.»

Est-il réconfortant de se dire qu'une fois que Paul et Robert auront appris à mieux gérer leurs émotions, les crises et les attaques cesseront? Bien sûr que oui. Mais est-ce sérieux?

On le sait, certaines personnes n'ont pas appris à s'affirmer. Devant une situation conflictuelle, elles prennent la fuite ou elles attaquent. C'est comme si elles ignoraient qu'il existe une attitude plus efficace, celle de la confrontation positive. Par la suite, elles expliqueront leur comportement en disant qu'elles ne savent pas ce qui s'est passé, qu'elles ont vu rouge et s'excusent.

Pourquoi, par exemple, Paul ne s'en est-il pas pris à Pierre en lui disant de cesser de tourner autour de Mireille? Pourquoi Robert n'attaque-t-il Roxanne que lorsqu'ils sont seuls?

Si une telle excuse vous est régulièrement présentée, posez-vous les questions suivantes. Comment se fait-il, s'il perd la tête et qu'il ne sait plus ce qu'il fait, que vous soyez la seule personne qu'il violente ? Comment se fait-il que, s'il perd la tête à la maison et qu'il brise des objets, ce soit les vôtres qu'il brise ? Se pourrait-il qu'il ne perde jamais suffisamment la tête pour nuire à son image publique ou pour briser ses effets personnels ?

Si votre partenaire est assez calculateur pour ménager son image publique et ne briser que vos objets personnels, nous pouvons conclure qu'il ne perd pas vraiment la boule. Il cible consciemment ses attaques : c'est *à vous* qu'il souhaite infliger des blessures émotionnelles, physiques ou spirituelles ; c'est *à vous*, parce que c'est vous qu'il souhaite contrôler. Ce n'est pas vrai qu'il a simplement explosé ; il n'attendait que le moment propice pour vous faire comprendre qui mène dans le couple et qui doit se conformer au maître.

Raison n° 6 : j'ai tendance à m'imaginer des choses.

Il existe un livre américain dont le titre est *Stop! You're Driving Me Crazy!* (Arrête ! Tu es en train de me rendre fou ! ; pour plus de détails, voir la liste des lectures suggérées à la fin). Cet ouvrage explique comment certaines personnes en arrivent à déstabiliser leur entourage en niant que certaines conversations ont eu lieu ou en remettant en cause la perception de l'autre. Les personnes qui subissent ce genre de traitement présentent souvent les symptômes suivants:

- le sentiment d'être dépassé par les événements;
- le sentiment de perdre son identité en présence de l'autre;
- l'impression que des rêves importants ne sont plus atteignables;
- le sentiment que quelque chose ne va pas;
- l'impression de ne plus contrôler sa vie;
- un vague sentiment de vide;
- l'impression que ce qui était clair ne l'est plus;
- un doute à l'égard de ses propres perceptions.

Il est fort possible, si vous en êtes rendue à penser que vous imaginez des choses, que vous subissiez ce genre d'attaques. Pour illustrer comment de tels abus se produisent, voici deux exemples éloquents:

Hier, Sylvain a choqué Liette en lui disant qu'elle était bien chanceuse, étant donné «sa taille imposante et sa laideur», de s'être trouvé un garçon aussi bien que lui. Aujourd'hui, alors qu'elle lui reproche ces propos, il se contente de lui dire qu'elle a tout imaginé.

Le lendemain d'une soirée pendant laquelle Tom a frappé Sarah, celle-ci se réveille avec un bleu sur une cuisse. Lorsqu'elle le montre à Tom, ce dernier lui suggère de faire plus attention quand elle boit de la bière: «En faisant plus attention, tu vas cesser de te cogner partout.»

À la longue, si ces événements se répètent et que la victime est isolée, elle en vient à croire l'agresseur et à invalider ses propres perceptions. L'agresseur a pris le contrôle de sa frontière intérieure : c'est désormais sur lui qu'elle se base pour définir sa réalité.

Si vous avez l'impression de devenir folle et si vous ne vous fiez plus à ce que vous percevez, consultez rapidement. Il est possible que vous viviez une relation toxique.

Raison n° 7 : il a une faible estime de soi. Dès que je l'aurai aidé à se valoriser, il ne se sentira plus obligé de me rabaisser pour se sentir bien.

La personne qui entretient ce mythe se sent l'âme d'une missionnaire, tout comme celle qui reste avec un alcoolique en se disant qu'avec le temps, elle finira par le changer grâce à son amour. C'est, bien entendu, un sentiment noble, mais s'agit-il d'une illusion ou d'une réalité ?

L'abuseur, nous l'avons vu, ressent le besoin de contrôler sa partenaire. Il souhaite qu'elle lui consacre tout son temps. Il devient même rapidement jaloux du temps qu'elle passe avec son enfant ou à mener des projets personnels.

Que se passe-t-il alors quand cette partenaire, pour l'aider à se valoriser, entreprend de lui dire à quel point il est beau, combien il a de belles qualités et comme il est vaillant ? Il apprécie, bien entendu. Puis il en redemande. Ces compliments deviennent rapidement un besoin et leur absence, pendant une courte période, le replonge dans le mécontentement.

Tout ce que vous faites en jouant les courtisanes, c'est de gagner du temps. Tôt ou tard, l'abuseur explosera à nouveau et le cycle de la violence continuera. Cette faible estime que vous percevez en lui, il vous la révèle probablement au lendemain de ses explosions, alors que commence une nouvelle lune de miel. Elle sert à justifier son comportement de la veille; elle n'en est pas la cause. En le complimentant et en vous efforçant de faire grandir son estime personnelle, vous soignez un symptôme sans vous attaquer à la base de sa maladie.

> *Posez-vous les questions suivantes si vous entretenez ce mythe. Dans quelle phase du cycle de la violence a-t-il l'habitude de vous communiquer sa faible estime personnelle? Pendant les périodes où la tension monte entre vous? Quand il explose et vous gifle? Ou est-ce quand il tente de se faire pardonner et qu'il prend un air pitoyable?*

Raison n° 8 : s'il n'avait pas tous ces problèmes au travail ou à l'école...

Au lendemain d'un accès de violence, il vous demande de l'excuser. S'il s'est emporté hier, c'est parce que la situation est exécrable au travail. Son patron est constamment sur son dos; il ne lui fait pas assez confiance, etc. Vous comprenez alors qu'il se soit emporté et vous acceptez de passer l'éponge (en souhaitant que la situation s'améliorera au travail).

Parlant travail, voici une anecdote intéressante tirée du livre de Pamela Jayne, *Ditch That Jerk*. Un partenaire jaloux était à ce point persuadé d'être trompé qu'il suivait sa petite amie afin de la prendre sur le fait. Comme il était livreur, il la suivait même pendant ses heures de travail, avec le camion de son employeur. Quand ce dernier s'est rendu compte de la chose, il a mis son employé dehors. Comment a réagi le partenaire jaloux? Voici ce qu'il racontait, quelques heures après son licenciement, à ses amis: «La vache! Elle m'a fait perdre mon emploi.»

Que dire de ce mythe? Cette excuse est bien faible si on l'étudie à la lumière des questions suivantes.

- *Pourquoi attend-il d'être en votre présence avant d'exploser si ses problèmes sont liés à son travail ou à ses études? Serait-ce qu'il a l'impression que le fait de vous violenter présente moins de risque?*

- *Pourquoi ne règle-t-il pas ses problèmes scolaires au lieu de vous violenter?*

- *Pourquoi n'investit-il pas son énergie dans l'amélioration de ses relations avec son patron au lieu de vous violenter?*

- *S'il ne fait rien pour améliorer les sources de son agressivité, cela veut-il dire qu'il va vous violenter pour le reste de vos jours? Êtes-vous disposée à subir ses mauvais traitements aussi longtemps? C'est ce qui vous attend si vous continuez à entretenir ce mythe.*

Encore une fois, il y a maquillage. Votre abuseur tente de faire porter par son patron et ses professeurs la responsabilité de ses accès de violence sur vous. Ne soyez pas dupe. Tout être humain possédant un minimum de maîtrise de soi peut choisir la façon de décharger son agressivité. S'il vous choisit systématiquement, il est temps de fuir, que ce geste soit prémédité ou pas.

Raison n° 9 : il ne communique pas assez. À un moment donné, il explose.

Celles qui ont choisi ce mythe imputent aux problèmes de communication de leur partenaire ses accès de violence. Elles se disent que, puisqu'il est incapable de verbaliser ses émotions concernant les choses qui l'énervent à mesure qu'elles surviennent, il accumule le ressentiment et finit par l'expulser en vagues d'actes violents.

Selon ce raisonnement, il suffirait de proposer des cours de communication interpersonnelle aux partenaires violents pour qu'ils changent rapidement du tout au tout. Ce serait l'idéal mais, comme nous l'avons vu, les abuseurs entretiennent leur jardin du ressentiment depuis longtemps et répugnent à changer.

Maria entretenait ce mythe jusqu'à un soir de septembre où sont survenus les événements qu'elle décrit ainsi : « Il y avait bien une trentaine de minutes que la crise durait. Julien me criait après et m'avait déjà poussée plus d'une fois contre le mur de la cuisine. Je pleurais. C'est à ce moment qu'on a frappé à la porte. C'étaient deux policiers. Un voisin les avait probablement appelés. Julien leur a ouvert la porte, souriant et affable. Il les a invités à entrer et a entrepris une discussion au bout de laquelle je passais pour la malade de service et lui, pour le partenaire prêt à endurer son calvaire jusqu'au bout. Quand ils sont partis, je me suis dit que j'avais tout faux. Julien sait communiquer et il le fait à merveille chaque fois qu'il en a envie, c'est-à-dire chaque fois que ça lui rapporte personnellement. »

Raison n° 10 : c'est l'alcool. Chaque fois qu'il boit, il perd la maîtrise !

Supposons que Mado est votre bonne amie ; que lui répondriez-vous si elle vous disait, pour expliquer un bleu au visage, que « Steve n'arrive même pas à croire que c'est lui qui m'a fait ça. Il était complètement soûl et, ce matin, il ne se rappelait de rien. Il s'en veut tellement ! » ?

Précisons d'abord une chose : l'alcool ne rend pas violent. Beaucoup de personnes, au contraire, s'endorment après une trop forte consommation et d'autres se mettent à pleurer. L'alcool n'est pas à l'origine du comportement des buveurs.

Par contre, l'alcool est un désinhibiteur : il permet aux individus qui en consomment de faire des choses qu'ils ne feraient pas en temps normal. C'est la raison pour laquelle, par exemple, certains prennent un verre avant d'inviter quelqu'un à danser. Bref, l'alcool vous permet de faire ce qui vous fait envie, mais que vous ne feriez pas à jeun à cause de vos mécanismes d'autocensure.

C'est la raison pour laquelle, vers la fin de la première phase du cycle de violence, certains abuseurs auront envie de boire. Ils savent qu'ils sont sur le point d'exploser et ils ont besoin d'une justification pour les gestes qu'ils savent qu'ils feront bientôt. Pour les partenaires de ces personnes, le *plop* de l'ouverture de la première bière est source d'angoisse.

Mais vous n'échapperez pas nécessairement à la violence si votre partenaire cesse de boire. Au contraire, même s'il a une dépendance à l'alcool ou à une quelconque drogue, il vous en voudra si vous l'obligez à cesser de consommer et il sèmera cet événement dans son jardin des ressentiments afin qu'il grandisse, grandisse et grandisse.

Un abuseur est un abuseur, peu importe qu'il soit alcoolique, toxicomane ou fumeur. Ses dépendances ne peuvent excuser son comportement et il ne peut se cacher derrière elles.

Raison n° 11 : il ne faisait que se défendre !

Savez-vous que O. J. Simpson, pendant son procès pour meurtre, a plusieurs fois expliqué que c'était lui qui était maltraité à la maison et que, dans toute cette affaire, il se percevait comme la victime ?

Si vous parez une attaque ou que vous vous défendez un peu lors d'une altercation physique, l'abuseur peut tout aussi bien vous dire qu'il se défendait et que c'est vous qui avez entamé l'altercation.

Si vous lui avez demandé de se taire et qu'il a explosé par la suite, il risque de vous dire (et de le croire) que vous avez lancé les hostilités. Le pire, c'est qu'il ne le fait pas nécessairement pour vous narguer ; dans bien des cas, les abuseurs croient vraiment ces affirmations.

* * *

Nous venons de vous présenter onze mythes, onze mythes qui peuvent vous aider à accepter les épisodes violents grâce à la rationalisation. Retournez en arrière et encerclez ceux dans lesquels vous vous êtes particulièrement reconnus. Terminons en remplaçant chacun de ces mythes par un énoncé traduisant mieux la réalité. La prochaine fois que vous vous surprendrez à recourir au mythe correspondant, remplacez-le par l'un des énoncés suivants.

1. Peu importe son passé, il est responsable de ses agissements actuels.

2. Chaque être humain a le pouvoir de décider de ce qu'il fait et de ce qu'il ne fait pas.

3. Je n'ai pas à me sentir coupable d'avoir été violentée.

4. La jalousie n'est pas un signe d'amour.

5. C'est consciemment qu'il me choisit comme sa seule victime.

6. Je vais demander de l'aide si je crois m'imaginer des choses.

7. Une faible estime personnelle n'excuse pas la violence.

8. La violence à mon égard l'empêche de régler ses problèmes au travail ou dans ses études.

9. Il communique admirablement bien quand il doit protéger son image publique.

10. L'alcool ne peut excuser un comportement.

11. J'ai le droit de défendre chacune de mes trois frontières.

Parlons culture

La culture dans laquelle vous avez baigné et dans laquelle votre partenaire a baigné tout au long de son enfance peut influencer vos comportements respectifs. Terminons ce chapitre en présentant certains des stéréotypes que la société entretient encore.

Les attentes des parents

Dans certaines familles, les enfants grandissent en subissant des pressions en vue de se conformer aux attentes que leurs parents entretiennent par rapport à leur sexe.

> **Luc:** «C'était bien simple, pour mon père, si je n'aimais pas jouer au hockey ou si je ne me battais pas quand quelqu'un me provoquait, j'étais une tapette. Pour gagner son approbation, j'ai créé un personnage. C'est ce personnage que je jouais encore au début de ma relation avec Mélodie.»

> **Marie:** «Si je jouais au base-ball et que je revenais sale et en sueur, ma mère me traitait de *tomboy*. Elle aurait bien aimé que je sois toujours parfaite, c'est-à-dire calme, réservée et propre.»

Ces attentes parentales incitent souvent les garçons à développer leur agressivité et les filles à miser sur la passivité. Quelques années plus tard, elles peuvent avoir des répercussions importantes sur les comportements de ces personnes devenues de jeunes adultes.

Dites-vous une chose: ce que vos parents vous ont dit n'a pas valeur d'évangile! La plus belle chose qu'ils auraient pu vous apprendre, c'est d'apprécier qui vous êtes. Nul n'est obligé de jouer le rôle que des esprits mal éclairés lui ont imposé pendant son enfance ou qu'ils tentent encore de lui imposer.

L'attitude du père par rapport aux femmes

Les enfants apprennent beaucoup en regardant leurs parents. Si un couple parental partage un amour nourrissant, ils apprennent la mutualité et le plaisir de voir l'autre grandir et réussir. Si le couple parental partage un amour oppressant, les enfants apprennent tout autre chose :

- Les hommes sont les patrons dans la maison. Ce sont eux qui décident de ce que feront les autres membres de la famille ;
- Dans un foyer bien constitué, les hommes sont servis et les femmes les servent ;
- Sur le plan sexuel, les hommes sont des initiateurs et les femmes des récepteurs. Une femme qui entame des contacts sexuels est une cochonne.

Comment voulez-vous que, plus tard, une fois adulte, l'enfant qui a grandi dans ce contexte commence une relation amoureuse dans le but de vivre une relation nourrissante ? Peut-on vivre une relation nourrissante avec une femme si on ne la voit pas comme une partenaire, mais bien comme une putain, une chatte ou une servante ?

La femme appartient à l'homme

En Russie, il y a quelques décennies, quand il y avait mariage, le père de la mariée remettait au nouveau marié un fouet tout neuf ; symboliquement, il lui remettait le contrôle de sa fille...

Dans d'autres cultures, encore aujourd'hui, les femmes ne peuvent être vues par d'autres hommes et il leur est interdit de quitter la maison sans être accompagnées d'un membre de la famille de l'époux. Ceux qui grandissent dans ce genre de famille ne pourront peut-être jamais voir leur femme comme une partenaire potentielle; ils la verront davantage comme une possession. Dans ce cas, l'amour nourrissant est impossible.

Le mensonge hollywoodien

Nous en avons parlé dans le livre *L'ABC de la manipulation*, mais il convient d'en reparler ici. Dans plusieurs comédies romantiques *made in Hollywood*, l'amoureuse bien intentionnée parvient à changer l'homme bourru et difficile. Demandez à votre mère ce qu'elle a retenu des comédies musicales *La mélodie du bonheur* et *Le roi et moi*...

Hollywood ne présente pas la réalité. Vous ne pouvez pas changer votre partenaire. Le désir de changer doit provenir de lui; il ne peut lui être imposé. Alors, oubliez Hollywood!

Dans ce chapitre, nous avons tenté de comprendre comment une personne peut s'entêter à rester avec un partenaire malgré ses épisodes violents. Passons maintenant de l'autre côté du miroir et entrons dans la tête d'un abuseur.

Chapitre 4

Pourquoi fait-il cela ?

Jusqu'ici, vous avez pris conscience des actes de violence qui se passent dans votre couple et vous avez réalisé que vous tolérez certains d'entre eux parce que vous entretenez des mythes relatifs à la violence dans le couple. Cela veut-il dire que vous êtes maintenant prête à prendre une décision ? À trancher immédiatement entre continuer la relation ou y mettre un terme ? Pas nécessairement.

Vous n'êtes pas prête si vous vous sentez présentement dans le brouillard et si vous avez l'impression que votre univers a perdu toute signification. Vous n'êtes pas prête si vous ressentez une impression de crise immédiate sans ressentir, en même temps, le besoin d'agir rapidement. Il est possible qu'il vous manque un élément essentiel à la prise de décision : la compréhension.

Tant qu'on ne comprend pas les motivations d'un agresseur qui, pendant les périodes d'accalmie, continue de nous dire qu'il nous aime, il reste difficile de prendre une décision éclairée concernant le reste de notre vie.

Dans ce chapitre, nous tenterons d'expliquer pourquoi le cycle de la violence peut durer aussi longtemps dans un couple. D'abord, nous présenterons les effets de la violence sur la victime, puis sur les amis et la famille de la victime. Finalement, nous tenterons d'expliciter pourquoi un abuseur s'entête dans ces comportements et ce qu'il y gagne.

Les effets sur la victime

Des scientifiques ont lancé une grenouille dans une marmite d'eau chaude. Tout de suite, le batracien a sauté pour sauver sa peau. Lors d'une expérience subséquente, ils ont mis une autre grenouille dans une marmite d'eau tiède qu'ils ont placée sur un feu doux. La grenouille s'est laissée cuire sans tenter de se sauver.

Dans une relation amoureuse oppressante, la violence augmente de jour en jour et la victime est entraînée dans la spirale sans songer à en sortir. Les abuseurs n'entament pas une relation en frappant leur victime ni en lui demandant d'expérimenter une relation sexuelle à trois! Ils savent qu'elle pourrait se sauver avant qu'un lien émotionnel se soit établi entre eux. Ils choisissent donc de procéder étape par étape, comme avec une grenouille…

Irrémédiablement, et ce, jour après jour, la violence laisse des traces. Cette première section vise à vous faire prendre conscience des marques que vous portez peut-être déjà.

Les marques

Les égratignures, les poussées, les brûlures, les coups ou les chutes dans un escalier finissent par laisser des marques. Certaines disparaissent, d'autres resteront toute votre vie. Un bras cassé finira par se reformer, mais il n'aura peut-être plus jamais la même force ni la même flexibilité.

Si vous portez de telles marques, c'est que votre frontière biologique n'a pas été respectée. Dressez un inventaire de ces marques; elles constituent un rappel de l'urgence d'agir parce que, comme nous l'avons vu lors de notre examen du cycle de la violence, les épisodes violents deviennent de plus en plus violents avec le temps.

Il n'en est peut-être encore qu'aux égratignures, mais s'il s'agit d'un abuseur, vous vous retrouverez tôt ou tard avec d'autres marques qui témoigneront du fait que vous n'avez pas agi à temps.

Votre apparence

Il n'est pas rare de voir les victimes de viol changer d'apparence peu de temps après l'agression. Par exemple, certaines cesseront de se maquiller et iront même jusqu'à négliger leur hygiène; d'autres porteront des vêtements trop grands pour masquer leurs courbes et leur féminité. L'objectif de ces changements, qu'on en soit conscient ou pas, est de devenir moins attirante aux yeux d'un autre agresseur.

L'apparence de la victime d'un abuseur change également. Au bout d'un certain temps, parce que son partenaire s'est attaqué à son estime personnelle, la victime prendra moins soin de son apparence. Cela sera encore plus évident si son partenaire l'accuse continuellement de flirter avec d'autres que lui. À ce moment, tout comme la victime de viol, elle fera en sorte de paraître moins attirante.

Si vous avez une photo de vous prise avant votre relation actuelle et une photo récente, comparez-les. Votre sourire a-t-il changé? Vos yeux sont-ils toujours aussi éclatants?

Votre coiffure est-elle plus négligée? Qu'en est-il de votre maquillage?

Votre cercle social

Le nombre de personnes avec qui vous entrez en contact chaque semaine a-t-il diminué depuis que vous fréquentez votre partenaire actuel? C'est une chose qui se produit fréquemment chez les personnes victimes d'un abuseur. Comme nous l'avons vu précédemment, celui-ci tente souvent d'isoler sa victime pour mieux la contrôler et pour éviter que son entourage la questionne sur les bases de la relation.

La qualité de vos relations avec vos parents s'est-elle dégradée? Si oui, rappelez-vous en quels termes votre partenaire parlait de ceux-ci peu de temps après le début de votre relation. Qu'en est-il de vos amis?

Avez-vous laissé tomber un passe-temps que vous aimiez bien? Rappelez-vous comment tout cela est survenu. Cette décision était-elle bien la vôtre?

Votre indépendance économique

Avez-vous été encouragée à laisser votre emploi sous prétexte que votre partenaire gagnait plus que vous? Avez-vous coupé les ponts avec vos parents? Avez-vous laissé le plein contrôle des finances du couple à votre partenaire? Avez-vous votre propre carte de crédit ou de débit? Seriez-vous capable de subsister trois jours si vous quittiez les lieux précipitamment?

Dans une relation amoureuse nourrissante, l'indépendance économique des partenaires ne se dégrade pas. S'il en va autrement de la vôtre, posez-vous des questions.

Vos dépendances

Avez-vous développé une dépendance à l'alcool, aux médicaments ou à la drogue? Passez-vous vos journées complètement engourdie? Ces dépendances existaient-elles avant le début de votre relation? Quand sont-elles nées? Pourquoi? À quoi servent-elles? Vous permettent-elles de vous empêcher de réaliser que vous avez misé sur le mauvais cheval?

Votre frontière intérieure

Quels changements avez-vous finalement remarqués dans votre frontière intérieure, en cet endroit où vous entretenez votre image de vous-même?

Ressentez-vous de la honte? Êtes-vous gênée de ce que vous avez fait pour lui plaire? Y a-t-il des choses que vous n'auriez jamais faites si vous aviez pensé que vous pouviez dire non? Avez-vous dit des choses à vos parents que vous regrettez depuis? Dans quelles circonstances avez-vous coupé les ponts avec vos amis?

Ressentez-vous de l'angoisse? Vous promenez-vous continuellement avec le sentiment que vous n'êtes pas en sécurité, qu'une crise peut s'abattre n'importe quand et que vous n'avez aucun contrôle sur les événements? Avez-vous soudainement peur de ce qui pourrait se produire si une personne que vous ne connaissez pas vous adressait la parole en souriant? Espérez-vous alors que personne ne l'aura remarquée?

Vous sentez-vous dépressive? Avez-vous l'impression que vous ne maîtrisez plus votre vie? Vous arrive-t-il de vous dire que vous devriez fuir mais que vous n'avez pas la force de le faire? Ce sont là des signes de dépression. Si vous les retrouvez en vous, vous devriez consulter rapidement.

Les effets sur la famille de la victime

Si vos rapports avec votre famille étaient définitivement coupés avant le début de la relation et si vous n'avez pas d'enfant, les effets d'une relation oppressante sur votre famille seront mineurs. Mais si vous êtes proche de vos parents ou si vous avez des enfants, sachez que d'autres personnes risquent d'être démolies par ce que vous vivez. Nous découvrirons dans cette section les principaux dommages collatéraux.

Vos parents

Le *bris de communication* constitue le premier effet que l'on observe dans les couples parentaux. Il se peut qu'un de vos parents ait conscience de ce que vous vivez et tente de vous en parler. Si vous refusez de vous ouvrir et que vous exigez le secret, il pourra cacher ce qui vous arrive à son conjoint afin de respecter votre choix et d'éviter des esclandres dans la famille.

Les parents risquent également de vivre des épisodes de culpabilité. Par exemple, l'un de vos parents peut remettre en question l'éducation qu'il vous a donnée en se demandant pourquoi vous ne réagissez pas et pourquoi vous continuez à supporter une situation qu'il juge intenable.

Il se peut que les épisodes de violence que vous vivez deviennent les catalyseurs qui serviront à *engendrer le cycle de la violence chez les parents*. Cela se produit quand un des parents accuse l'autre en le rendant responsable de ce qui vous arrive actuellement.

Il y a également l'*angoisse* et l'*insomnie*. L'angoisse de ne pas savoir où vous êtes ou ce qui vous arrive pendant des jours ou des semaines. L'angoisse de s'imaginer le pire. Ce sentiment peut rendre certains parents insomniaques, par exemple, pendant de longues périodes de temps.

Il y a aussi la *colère*. Comment vous sentiriez-vous si, chaque fois que vous accueilliez votre fille en larmes, vous la voyiez repartir quelques jours plus tard pour retrouver celui qui l'a violentée? Votre sentiment de colère serait alors tout à fait normal, n'est-ce pas?

Il y a finalement la *peur*, peur de vous voir couper les ponts avec eux s'ils insistent trop pour que vous cessiez de fréquenter l'abuseur et peur de commettre l'irréparable en s'en prenant à votre partenaire violent.

Comme vous pouvez le voir, vous n'êtes pas seule dans le bateau. Vos parents aussi sont des victimes de la violence que vous subissez. C'est en partie la raison pour laquelle ils aimeraient bien pouvoir vous aider.

Vos frères et vos sœurs

La vie n'est pas nécessairement plus rose pour les frères et sœurs qui assistent, impuissants, à votre descente aux enfers.

Voici quelques-uns des effets que votre situation peut avoir sur eux.

Leur vision d'une relation amoureuse peut être modifiée. Si votre sœur rêvait d'une relation amoureuse nourrissante, elle peut être tentée de revoir ses attentes et de se dire que ce que vous vivez actuellement constitue la vraie vie en couple. En conséquence, son niveau d'attente face à un éventuel partenaire sera considérablement diminué.

Vos frères et sœurs peuvent courir des risques en confrontant eux-mêmes votre abuseur. Que se passera-t-il alors? Vous êtes la personne la mieux placée pour répondre à cette question.

Ils peuvent aussi vous en vouloir. S'ils traversent une période où ils ont particulièrement besoin du soutien parental et que vos parents sont focalisés sur votre sort, vos frères et sœurs risquent effectivement d'avoir du ressentiment à votre égard.

Marie-Soleil: J'avais 16 ans et mon bal des finissants approchait. J'aurais bien voulu que ma mère s'occupe un peu de moi (il fallait me trouver une robe, penser à ma coiffure, etc.), mais elle n'arrivait pas à penser à autre chose qu'à ma sœur de 17 ans qui venait de foutre le camp avec un garçon de 23 ans. Ce serait mentir que de dire que je n'en ai pas voulu à ma sœur. »

Ils vous en voudront également s'ils sont témoins de scènes violentes et que vous leur dites de ne rien révéler à vos parents.

Vos enfants

Si vous êtes parent et que les épisodes violents se produisent à intervalles réguliers, la situation risque d'influencer considérablement le développement de vos enfants. (Et vous pouvez me croire : j'ai été dans cette situation.)

Comme dans le cas des frères et sœurs, vos enfants risquent de grandir en supposant qu'une relation amoureuse oppressante est normale. Ainsi, votre situation influence grandement la vision d'une relation amoureuse normale.

Il se peut que votre enfant grandisse en s'isolant intérieurement. Il se réfugiera alors dans un monde intérieur et se créera sa propre réalité. Cela risque de le ralentir considérablement dans le développement de ses habiletés sociales. S'il est près de sa majorité, il peut également décider de fuir la maison pour retrouver le calme qui lui fait défaut chez vous. Dans ce cas, il devra peut-être laisser ses études et revoir son projet de vie.

Finalement, si votre enfant est une fille et que votre abuseur est de sexe masculin, elle peut également adopter une vision négative des hommes en supposant qu'ils partagent tous les traits de caractère de votre partenaire actuel.

Les gains pour l'abuseur

Pourquoi votre partenaire est-il tenté de continuer ses mauvais traitements malgré les effets que la violence a sur vous et sur votre famille ? Tout simplement parce qu'il y trouve son compte. Nous traiterons dans cette section des raisons pour lesquelles un abuseur s'entête à perpétuer le cycle de la violence puis, dans la section suivante, nous tenterons de comprendre ce qui se passe dans sa tête.

Il obtient ce qu'il veut

Qui ne rêve pas d'obtenir ce qu'il veut, quand il le veut et comme il le veut? L'abuseur ne fait pas exception. En toutes circonstances, il préfère que son opinion soit considérée comme étant la meilleure et il déteste les discussions qui pourraient avoir pour résultat que ses idées ne sont pas retenues.

S'il donne l'impression de lancer une discussion, par exemple «Que faisons-nous en fin de semaine? J'aimerais bien qu'on aille veiller chez Jacques», il ne fait que vous jeter de la poudre aux yeux: il ne souhaite absolument pas que vous y alliez de vos propositions car cela le forcerait à trouver des arguments pour prouver que son idée est la meilleure. Dans la pire des hypothèses, il risquerait de voir votre suggestion prévaloir. En fait, il peut faire semblant de s'intéresser à votre proposition mais, en réalité, il vient de vous annoncer le programme du week-end.

Au début de la relation, vous ne comprenez pas mais, peu à peu, à mesure que les incidents violents se succèdent, vous finirez par deviner qu'il vaut mieux pour vous que vous soyez d'accord avec les idées qu'il avance. Voilà sa première récompense: il n'aura jamais plus à faire valoir son point de vue; celui-ci primera en tout temps.

Il se sent puissant

S'il a envie de mets chinois, c'est dans un restaurant de ce type que vous irez manger. S'il a envie d'une relation sexuelle, vous devrez vous y soumettre. S'il n'a pas envie d'aller chez vos parents à Noël, il en sera ainsi.

Imaginez le sentiment de puissance qui se développe chez un individu qui obtient toujours ce qu'il désire. Comparativement à ce sentiment, un peu de culpabilité parce qu'il vous a giflée à quelques reprises est bien peu de chose! Lorsqu'il pèse le pour et le contre, il constate que les avantages rattachés à son comportement sont bien supérieurs à ses effets négatifs.

Il est à l'abri des reproches

Avec le temps, il comprend que s'il oublie de rentrer un soir, personne ne le lui reprochera. Il sait que s'il se plaint de votre humeur, vous courberez simplement l'échine et que vous vous efforcerez de sourire. Vous ne pouvez rien lui reprocher. Vous savez que les conséquences seraient trop grandes.

Il se sent l'âme d'un gagnant

Au bout du compte, il a l'impression d'être un gagnant. Après tout, son opinion prime toujours; et puis, il est puissant et à l'abri des reproches. Il ne comprend pas que tous les hommes ne fassent pas la même chose. En fait, il plaint un peu les « femmelettes » qui ont trop de considération pour leur partenaire et qui tolèrent les discussions et les reproches.

Ces « moins qu'hommes » ne méritent pas plus sa considération que sa partenaire. Il préfère donc se tenir avec d'autres gagnants de sa trempe, de vrais hommes qui partagent ses valeurs et sa vision de la vie. Ensemble, ils réussissent à entretenir l'idée qu'ils ont raison.

Tous ces avantages créent de plus une forte dépendance et, à mesure que la relation avance, il sera de plus en plus difficile de tenir tête à l'abuseur. Ce dernier en viendra à penser que tous ces avantages sont des droits et il les réclamera en utilisant davantage de force, s'il le faut.

Ce qui se passe dans sa tête

Pour la personne qui ne songe pas à recourir à la violence pour atteindre ses objectifs, ce qui se passe dans la tête d'un abuseur relève du mystère. Nous allons maintenant lever le voile sur ce mystère.

Il croit mériter d'être servi et écouté

Pour un partenaire abuseur, vous n'existez pas en tant qu'individu unique. Vous êtes plutôt là pour lui, pour le servir et pour vous occuper de ses besoins. C'est un droit inaliénable qu'il n'a pas à mériter; c'est comme s'il le possédait de naissance. Vous ne disposez plus de votre propre frontière sociale; il vous a intégrée dans la sienne et vous laisse tout juste assez de liberté pour que vous restiez utile. Voyons plus en détail ses besoins:

- *Besoins physiques:* il a besoin de bien manger, de se retrouver dans un milieu propre et d'être maintenu à l'écart des pleurnichements des enfants si vous en avez. En fait, vous êtes sa bonne de service;

- *Besoins sexuels:* il a besoin d'activités sexuelles chaque fois qu'il le désire et il ne souhaite pas en entendre parler quand il n'a pas ça en tête. Idéalement, vous devez être automatiquement excitée s'il en a envie et vous devez réprimer vos pulsions le reste du temps;

- *Besoin d'avoir raison:* ses opinions politiques, sa vision de son rôle parental, son opinion sur vos amis et votre famille doivent primer sur les vôtres. Nous en avons parlé dans la section précédente: son opinion doit primer;

- *Besoins reliés à son caractère unique:* le fait qu'il soit aussi puissant et omniscient lui confère un statut dont vous devez tenir compte. Vous ne devez pas le traiter comme un égal; ce serait une injure à ce statut! Il s'attend plutôt que vous le traitiez avec déférence; ce n'est qu'ainsi qu'il vous aimera bien.

Si vous ne comblez pas tous ses besoins, c'est que vous avez oublié quelle est votre raison d'être dans le couple. Chaque écart de comportement de votre part se retrouvera semé dans son jardin des ressentiments et y restera jusqu'à la saison des récoltes.

Il perçoit vos succès comme des menaces

Un partenaire abuseur ne tolère pas que vous brilliez plus que lui en société. Pour lui, cela irait à l'encontre des lois de la nature… Les deux exemples suivants illustrent ce propos.

Mona: «Le lundi matin, j'ai appris que j'avais été mise en nomination pour le titre de personnalité de l'année de mon secondaire. Nous ne pouvions faire un pas dans les corridors sans que quelqu'un me félicite. Le mercredi, Patrick a commencé à me dire qu'il en avait assez, que je m'enflais la tête et que c'était exaspérant de se tenir avec une fille qui tenait davantage à sa popularité qu'à son couple. Le jeudi, ça a empiré. Dès le vendredi matin, je regrettais cette nomination.»

Manon: «La soirée allait bon train et je me sentais particulièrement bien. Il y avait plus d'un an que nous n'avions pas visité ma sœur. Quand mon beau-frère a suggéré une partie de scrabble, j'ai dit oui tout de suite. En revenant le soir, Louis m'a reproché d'avoir choisi un jeu où j'étais meilleure que lui et de lui avoir fait honte devant ma famille. Je n'en revenais pas.»

Un abuseur perçoit les moments où vous brillez en société comme autant de menaces à son statut particulier. Il craint de vous perdre, non pas parce qu'il vous aime, mais parce que vous lui êtes tellement pratique! Il ne souhaite pas vous voir jouer un personnage autre que celui qu'il vous a écrit.

Il a besoin de vous contrôler

Un abuseur doit vous surveiller de la même manière qu'un investisseur suit ses placements à la Bourse. Il sait que, pour qu'il puisse vous garder sous son joug, vous ne devez pas entrer en contact avec beaucoup de gens. Ceux-ci pourraient vous demander d'où viennent vos ecchymoses et vous aider à remettre en question votre relation avec lui. Il doit prévenir ces distractions malsaines…

Ce besoin de vous contrôler prendra souvent le visage de la jalousie. Il peut certes être flatteur de se faire dire «Nous sommes faits l'un pour l'autre» ou «Je ne pourrais vivre sans toi» au début d'une relation mais, rapidement, cela peut devenir très angoissant.

L'abuseur tente de vous contrôler en maîtrisant vos trois frontières :

- *Votre frontière biologique :* il décidera du moment où vous avez besoin de caresses et du moment où il convient de vous punir. Dans sa tête, ce n'est pas à vous de défendre votre frontière biologique. Il souhaite en devenir le souverain ;

- *Votre frontière sociale :* il tentera de déterminer avec qui vous avez le droit de parler et où vous avez le droit de vous rendre. Il n'hésitera pas à mentir à propos de vos amis afin que vous ayez moins envie de les voir ;

- *Votre frontière intérieure :* il essaiera de vous imposer le portrait idéal qu'il entretient de vous-même afin que vous vous y conformiez. Il voudra décider de ce que vous aimez, de ce qui vous exalte et de ce que vous n'aimez pas. Ce n'est pas vraiment vous qu'il aime fréquenter ; c'est ce portrait idéalisé qu'il tente de reproduire en vous.

Au bout d'un certain temps, vous n'êtes plus chez vous, ni dans votre environnement ni en votre for intérieur. Il a pris toute la place et contrôle chacun de vos déplacements. Si vous en êtes rendue là, il risque de ne pas apprécier ce que vous lisez actuellement. Ne lui lisez pas ce livre en pleine figure !

Il se considère comme votre victime

Eh oui ! Allez donc tenter de comprendre cet être humain ! Quand il vous gifle, qu'il vous dit de vous taire ou qu'il fait mine de ne pas vous entendre, il a l'impression d'agir en légitime défense !

Rappelons ici qu'il s'agit d'une relation amoureuse oppressante et que votre partenaire tente de contrôler votre frontière intérieure. Il aimerait pouvoir décider ce que vous pensez, comment vous vous comportez et qui vous aimez rencontrer. Chaque fois que vous démontrez votre individualité, vous le repoussez hors de votre frontière intérieure et il se sent attaqué. Ce sentiment sera encore plus grand si vous vous défendez au lieu de recevoir humblement votre punition.

Un abuseur trouve tout à fait justifié d'user de violence pour vous faire reprendre le rôle que vous devriez, selon lui, jouer à longueur de journée.

Il est persuadé de vous être supérieur

Mieux que cela, vous n'êtes rien sans lui puisque c'est lui qui vous définit. Vous n'êtes pas un être humain doué de la faculté de raisonner et capable de prendre des décisions individuelles.

Vous êtes, selon les cas, sa blonde, sa femme, la mère de ses enfants, sa bonne, sa femme de ménage, sa cuisinière ou sa pute. Remarquez l'absence de mutualité dans toutes ces définitions. Pour l'abuseur, il ne peut y avoir de mutualité parce qu'il fuit la relation amoureuse nourrissante.

Citons, pour illustrer ce processus, un extrait de mon livre *L'ABC de la manipulation*.

« Supposons que vous êtes dans la course pour obtenir une promotion et que vous n'avez qu'une adversaire : Julie. Vous pourriez augmenter vos chances d'obtenir la promotion en sabotant son travail, en nuisant à sa vie personnelle ou en répandant des rumeurs à son sujet mais, le problème, c'est que Julie est compétente, gentille et attentionnée à votre égard.

« Comment pouvez-vous nuire à Julie sans vous en vouloir pour autant ? Le secret consiste à la dépersonnaliser, à faire en sorte qu'elle devienne un objet plutôt qu'un être humain. Il vous sera bien plus facile, par la suite, de la jeter comme un fauteuil usé ou comme un outil rongé par la rouille. Vous sentez-vous coupable de mettre vos vidanges au chemin chaque semaine ?

« Commencez par changer la manière dont vous parlez d'elle. Ne dites plus Julie. Dites plutôt la chienne, la vache ou la locataire du bureau 203. Si vous le faites assez longtemps, vous arriverez à établir une distance émotive envers Julie et vos attaques ne créeront plus chez vous cette culpabilité qui vous empêchera de vraiment apprécier votre espace de stationnement réservé et votre augmentation de salaire une fois que vous l'aurez définitivement écartée. »

En vous dépersonnalisant, votre agresseur peut se permettre de faire des gestes qu'il ne ferait jamais s'il y avait mutualité dans le couple. Car, s'il y avait mutualité, il devrait vous accepter comme une égale.

Il gère très bien son image publique

Les abuseurs sont de fins manipulateurs. Nous avons déjà vu le cas de cet abuseur capable de charmer les policiers répondant à des plaintes des voisins. Mais un tel être peut même arriver à convaincre un thérapeute que c'est sa partenaire qui a des problèmes, et non pas lui. C'est d'autant plus facile qu'au moment où il se retrouve en thérapie, sa partenaire est déjà démolie et ne parvient pas vraiment à se défendre.

Avez-vous remarqué qu'il peut être en colère contre vous mais afficher un large sourire si vous rencontrez d'autres personnes? Avez-vous remarqué qu'il est en mesure, sourire aux lèvres, de vous passer des messages agressifs si subtils que les autres n'y voient que du feu?

Un bon abuseur sait que s'il est accusé de violence, sa crédibilité et son image publique pèseront dans la balance. Il porte donc particulièrement attention à cette image. C'est la raison pour laquelle vous avez si souvent l'impression d'être à la fois en relation avec le docteur Jekyll et mister Hyde.

Si vous vivez ensemble, il sera radin dans le couple, mais généreux et prêt à aider un membre de votre famille ou un ami commun qui est mal pris. Ne soyez pas non plus surprise si, dans un débat public, il défend le droit des femmes alors qu'il vous refuse la moitié de ce qu'il propose publiquement. Vous n'êtes simplement pas une femme pour lui: vous êtes son objet, sa possession.

Cette image constituera un remarquable moyen de défense si vous tentez de quitter le couple: des gens refuseront de vous croire; vous passerez pour une femme dépressive cherchant l'attention; vous donnerez l'impression d'attribuer à votre partenaire les faiblesses que vous affichez. Nous traiterons de cet aspect au chapitre 6.

Il est narcissique

Votre abuseur tient une vedette en haute estime: lui. S'il pouvait se cloner, c'est de son clone qu'il tomberait amoureux mais, la technologie n'étant pas encore au point, il doit se rabattre sur une autre personne et cette autre personne, c'est vous.

Il projette donc sur vous ses gestes et ses penchants et il a tendance à vous attribuer ses propres pensées. C'est dangereux s'il n'est pas fidèle parce qu'il tiendra pour acquis que, lorsqu'il n'est pas là, vous faites les mêmes choses que lui! Il supposera donc que vous le trompez, que vous riez de lui dans son dos et que vous le diminuez aux yeux de vos autres amants.

Plus il a l'habitude de vous tromper, plus il se mettra en tête que vous le faites également.

De plus, parce qu'il traverse la vie le nez pointé vers son nombril, deux éléments l'aideront à déterminer si vous êtes une bonne compagne:

• votre capacité à lui consacrer entièrement votre vie et votre énergie;

• une humilité vous permettant de mettre en veilleuse le développement de vos talents et la conquête d'objectifs personnels.

A-t-il tendance à utiliser les mots « Je » et « Moi » plus souvent que la moyenne? Si vous lui dites que votre journée s'est mal passée, a-t-il l'habitude de vous dire que vous devriez vous compter chanceuse parce que la sienne a été encore pire? A-t-il depuis longtemps perdu l'habitude d'être empathique à votre égard? Ces traits révèlent un être narcissique.

Il est en colère

L'abuseur type en a contre le monde en général et contre la vie en particulier. En ce qui a trait aux douceurs de la vie, il a l'impression de ne pas avoir eu sa juste part du gâteau et de devoir se contenter de miettes de bonheur. Ce sentiment est largement attribuable à ses mécanismes de perception sélective.

Il a en effet tendance à percevoir tout ce qui peut alimenter cette sourde colère qui mine sa capacité à profiter de la vie. S'il se compare à un collègue, il ne percevra que les éléments où ce collègue lui est supérieur et il en oubliera ses propres forces. Si un ami connaît un succès, il le traitera intérieurement de chanceux et se dira que ce n'est pas à lui qu'une telle chance aurait pu arriver. Il ne se dira pas que cet ami a trimé dur pour « provoquer » sa chance.

Son jardin des ressentiments est jonché d'éléments disparates. Vous n'êtes pas la seule personne à lui fournir des semences qui déboucheront éventuellement sur des épisodes violents. Dans sa tête, il est seul contre le monde. Et le monde lui en veut. Il est donc normal qu'il soit en colère.

Cela en fait-il pour autant une victime? Non. C'est le filtre à travers lequel il perçoit la vie qui est teinté. Vous ne pouvez pas l'aider. Au mieux, il faudrait qu'il accepte une thérapie. Parions que ce n'est pas pour demain.

Sont-ils tous pareils?

Ce n'est pas parce que votre partenaire est un abuseur qu'il présente nécessairement les huit caractéristiques que nous venons de voir. Chaque être humain est unique et personne ne correspond parfaitement à la description que nous venons de faire.

En fait, nous pourrions pousser plus loin notre analyse et segmenter les abuseurs en les compartimentant dans des catégories. Certains l'ont fait, notamment Lundy Bancroft (consultez son livre à ce sujet), qui a créé une série de personnages terrifiants : l'Exigeant, Monsieur J'ai-toujours-raison, le Sergent, le Bourreau, Monsieur Sensible, le Joueur, Rambo, la Victime et le Terroriste.

Nous allons plutôt nous concentrer, dans le prochain chapitre, sur les indices qui peuvent laisser penser que votre partenaire actuel est récupérable. C'est cela que vous aimeriez savoir pour l'instant. C'est cela que nous tenterons maintenant de déterminer.

Un exercice

Tentez de positionner votre partenaire actuel pour chacun des paramètres que nous venons de vous présenter. Pour chaque paramètre qui suit, indiquez l'endroit sur le continuum correspondant au comportement de votre partenaire. Ainsi, s'il ne présente absolument pas ce trait, faites une marque au point zéro. S'il le présente tout à fait, faites une marque au point 100. S'il ne se situe pas aux extrémités du continuum, faites une marque au point qui vous semble pertinent. Vous voici déjà mieux armée pour vous lancer dans la lecture du prochain chapitre.

1. Il croit mériter d'être servi et écouté.

   0 ————————————————— 100

2. Il perçoit vos succès comme des menaces.

   0 ————————————————— 100

3. Il a besoin de vous contrôler.

   0 ————————————————— 100

4. Il se considère comme votre victime.

   0 ————————————————— 100

5. Il est persuadé de vous être supérieur.

   0 ————————————————— 100

6. Il gère très bien son image publique.

   0 ————————————————— 100

7. Il est narcissique.

   0 ————————————————— 100

8. Il est en colère.

   0 ————————————————— 100

Chapitre 5

Peut-il changer ?

Le dernier chapitre s'est terminé sur une note optimiste. Nous avons mentionné que tous les abuseurs n'étaient pas semblables et que certains pouvaient même être aidés. Ce chapitre se penchera sur ce que vous pouvez faire pour aider la personne abusive (à condition qu'elle accepte l'aide) et pour détecter, le plus tôt possible dans la relation, si vous êtes tombée sur un « citron ».

Parce qu'il y a abuseur et abuseur. Certains partenaires passent pour des abuseurs parce qu'ils sont simplement maladroits ; d'autres semblent tirés des contes de fées, mais ils manipulent leurs proches allégrement. Voici d'ailleurs deux témoignages aux antipodes des continuums dont nous avons traités au chapitre précédent.

> **Mélissa :** « Quand je lui ai dit que son humour était désagréable et que ce qu'il trouvait si drôle me blessait intérieurement, Juan a changé du tout au tout. Visiblement, il n'avait pas voulu me blesser. Comme je suis contente de lui avoir révélé ce que je ressentais ! »
>
> **Isabelle :** « J'ai dit à Jonathan que j'en avais assez qu'il me ridiculise chaque fois qu'on se trouvait avec des amis. Moins d'une heure plus tard, il me poussait violemment dans l'escalier et je me retrouvais avec un bras cassé. Il soutient encore que je suis tombée, mais je ne suis pas folle ; il m'a bel et bien poussée. »

Un avertissement s'impose cependant ici. Vous trouverez en fin de chapitre des trucs vous permettant de vous affirmer dans la relation et de demander à votre partenaire de changer. Ne vous engagez pas dans cette démarche si votre partenaire vous a déjà menacée de mort, s'il est enragé, s'il pointe une arme vers vous ou s'il est soûl ou drogué. Dans ce cas, trouvez de l'aide sur-le-champ. À ce sujet, nous vous présentons quelques adresses Internet à la fin de ce livre. Votre CLSC local pourra également vous diriger vers les ressources disponibles dans votre région. Si vous êtes encore aux études, le travailleur social de votre établissement peut vous aider.

Mieux vaut prévenir que guérir

Puisque le cycle de la violence s'intensifie et s'accélère avec le temps, la meilleure option consiste à quitter le plus tôt possible la relation dès qu'on se rend compte qu'on est aux prises avec un abuseur irrécupérable. Évidemment, la meilleure option est de ne pas entreprendre de relation avec un tel individu!

Heureusement, certains indices avant-coureurs permettent d'identifier les partenaires à éviter et ceux qui vous demanderont constamment de marcher sur des œufs. Ce sont ces indices que nous vous présentons dans cette section.

Il parle très négativement de ses compagnes précédentes

Que penseriez-vous si vous veniez de rencontrer un partenaire potentiel, que vous lui demandiez de parler de sa compagne précédente et qu'il vous réponde comme suit:

> **Carlo:** «C'était une folle finie! Toujours en train de m'accuser de vouloir la contrôler mais incapable de bien s'occuper d'elle-même. Je suis tellement content de t'avoir trouvée, toi. Tu ne lui ressembles pas du tout.»

> **Renaud:** «Une pute. Dès que j'avais le dos tourné, elle tentait de séduire mes amis et d'autres hommes que je ne connaissais pas. Elle avait le feu au cul. Une vraie salope!»

De telles réponses devraient résonner comme des signaux d'alarme en vous. La première est la plus révélatrice. Si un partenaire éventuel vous dit, après avoir parlé en mal de son ex-petite amie, que vous êtes tout à fait différente et qu'il est content de vous avoir enfin trouvée, cela peut vouloir dire qu'il en est déjà à la phase de l'amour romantique et qu'il vous idéalise. Que se passera-t-il quand il prendra conscience du fait que vous êtes un être humain normal, et que vous avez des défauts et des qualités comme tout le monde?

S'il n'avoue pas sa part d'erreur dans l'échec de sa précédente relation et qu'il en rejette toute la responsabilité sur son ex-partenaire, devinez qui sera blâmée dès le premier accrochage dans votre relation?

Le choix des mots vous en dit également gros sur sa vision des femmes. Il existe une grande différence entre les mots « amie », « partenaire » et « femme » et les mots « salope », « folle » et « pute ».

Il sort facilement de ses gonds

Vous êtes dans une file d'attente au restaurant ou au cinéma et il lui semble que vous n'avancez pas rapidement. Que fait-il? Continue-t-il de vous sourire ou s'en prend-il verbalement au personnel en l'accusant de se traîner les pieds? Laisse-t-il entendre qu'il est normal que ce soit lent étant donné que c'est une femme qui est à la caisse? Est-il soudainement passé du mode sourire au mode « ne venez pas m'écœurer »?

Vous êtes en automobile et la voiture située devant vous avance lentement. Que fait-il? Klaxonne-t-il à répétition? Se met-il à engueuler l'automobiliste? Tente-t-il de doubler la voiture pour ensuite la couper et freiner brusquement?

En analysant vos réponses aux questions précédentes, vous pouvez prévoir comment il réagira quand il se rendra compte que vous ne correspondez pas entièrement au portrait idéalisé qu'il s'est fait de vous.

Il active rapidement la réciprocité à son égard

Ne vous emballez pas si ce nouveau partenaire présente un empressement à vous endetter à son égard. Ses cadeaux cachent peut-être d'autres motivations.

Monique : «C'était en novembre. J'étais passée le chercher en voiture et nous nous dirigions vers le centre culturel pour assister à une pièce de théâtre. Il m'a fait remarquer que ma voiture glissait dans la neige et que j'aurais besoin de pneus d'hiver. Le lendemain matin, le concessionnaire a communiqué avec moi pour me dire qu'on m'avait offert quatre pneus d'hiver et qu'une voiture de courtoisie me serait prêtée pendant la pose. Je n'ai pas pensé à refuser ce cadeau. En fait, je croyais être enfin tombée sur le prince charmant.»

Corinne : «C'était ma première année à l'université. J'habitais un petit loyer de la rue Rachel. J'avais quelques meubles, mais il m'en manquait plusieurs. Par exemple, il n'y avait pas de lave-vaisselle dans l'emplacement prévu à cet effet dans les armoires. Il a passé la soirée à mon appart et, le lendemain, on me livrait un lave-vaisselle neuf. Ça m'a mise un peu mal à l'aise, mais j'ai accepté le présent.»

Pierrette : «Je lui ai dit que je ne pouvais pas le voir en fin de semaine parce que j'aidais mon frère à déménager. Il a insisté pour venir nous aider. Il a peinturé tout le salon puis, vers l'heure du souper, il a commandé de la pizza pour tout le monde. Ma belle-sœur était presque jalouse de ma chance d'avoir trouvé quelqu'un d'aussi parfait!»

Bien que vous puissiez être ravie de ces charmantes attentions, elles constituent un envahissement rapide de vos frontières. La semaine prochaine, quand il demandera une faveur, vous vous sentirez obligée de dire oui et, plus tard, quand il aura des choses à vous reprocher, il ramènera ces cadeaux sur le tapis en vous disant que vous n'êtes pas reconnaissante.

Il est cruel envers les animaux

Tenez-vous éloigné de lui s'il vous mentionne qu'une fois, pour rire, il a attaché un chien à sa voiture et qu'il a ensuite fait une balade à 50 km à l'heure. Faites de même s'il lui arrive, sans raison, de donner des coups de pied à des animaux familiers que vous croisez dans la rue.

> **Sophie:** « Il m'a dit que si j'aimais vraiment mon chat, je n'irais pas à mon cours de peinture ce soir-là. J'ai pensé à une blague. Quand je suis revenue de mon cours, mon chat était introuvable. Je ne l'ai jamais revu. »

S'il ne respecte pas la vie, fût-elle animale, il aura peu de considération pour vous le jour où il décidera que vous l'avez déçu.

Il planifie tout

Si vous avez rapidement l'impression qu'il décide de tout et que vous n'avez plus votre mot à dire dans le choix de vos activités, imaginez à quel point il sera contrôlant à mesure que votre relation grandira!

> **Vivianne:** « Dès notre seconde rencontre, il m'a annoncé ce que nous ferions la fin de semaine suivante. Il avait tout planifié et il avait déjà acheté les billets. Que pouvais-je faire d'autre, sinon d'acquiescer? »

> **Sylvie:** « Nous en étions à notre troisième sortie. Il est passé me chercher à la maison. Il m'a alors dit qu'il était mal à l'aise de sortir avec moi si je portais des vêtements aussi provocants. Je suis allée me changer mais, à bien y penser, ces vêtements n'étaient pas si provocants que ça. »

S'il prend le contrôle dès le début de la relation, vous aurez de la difficulté à encourager une prise de décision en partenariat un peu plus tard. Prenez garde!

Le partage d'anecdotes n'est pas réciproque

Tente-t-il d'en apprendre le plus possible sur vous alors que lui se révèle très peu? Connaît-il toutes vos frasques du passé alors que vous ignorez tout des siennes? Est-il toujours celui qui vient vous chercher? Après quelques rendez-vous, savez-vous vraiment où il habite et où il travaille? Êtes-vous en mesure de le joindre si vous avez envie de lui parler pendant la journée?

> **Rosie:** « Au bout d'une semaine, je lui avais tout révélé et je réalise maintenant qu'il ne m'avait rien dit. Il savait même déjà que ma mère avait été internée quelque temps pour des soins psychiatriques. Il n'a pas hésité à me le rappeler, un peu plus tard, en m'accusant de ne pas lui faire assez confiance et en me disant que si je continuais dans cette veine, je serais internée, moi aussi, comme ma mère. »

Mélanie: «Je sortais avec cet avocat depuis deux mois quand j'ai réalisé que je n'avais jamais pris l'initiative des rencontres. J'ai décidé de lui faire une surprise en allant le rencontrer au bureau. C'est là que j'ai appris qu'il n'était pas avocat, qu'il était déjà marié et que c'est lui qui était le gardien de sécurité de l'immeuble. Il m'en a beaucoup voulu.»

Si vous ne connaissez rien de lui alors qu'il en connaît beaucoup sur vous, c'est probablement qu'il a quelque chose à cacher. Il est peut-être marié. Il vous a peut-être menti.

S'il donne l'impression de vouloir en apprendre le plus possible sur vous, alors qu'il ne vous révèle presque rien sur lui, c'est probablement qu'il tente de découvrir vos points faibles, ceux qu'il pourra utiliser pour mieux vous manipuler.

Rappelez-vous que dans une relation nourrissante, le partage d'informations est symétrique.

Il parle principalement de lui

Quand vous le voyez entrer en interaction avec d'autres personnes, a-t-il tendance à parler plus qu'il n'écoute? A-t-il tendance à ramener les discussions à lui, à tout illustrer en parlant de lui ou à vous couper la parole à l'aide de phrases débutant par «Moi, ...», «J'ai...» ou «Ça me rappelle mon...».

Les gens centrés sur eux-mêmes acceptent rarement leurs torts et ont tendance à rejeter la faute sur l'autre quand des problèmes surviennent dans le couple.

Il est pressé d'officialiser l'union

Si vous ressentez le bizarre sentiment qu'il a hâte de dire au monde entier (et à vous-même) que vous êtes dorénavant sa possession, il est encore temps de fuir.

> **Carla:** «Pendant plusieurs jours, il a insisté sur l'urgence d'avoir des relations sexuelles. Il me répétait que si je l'aimais vraiment, je n'hésiterais pas autant. J'ai fini par lui dire oui et, dès le lendemain, il me traitait comme si je lui appartenais. Je ne céderai plus jamais à ce type de pression.»

> **Annie:** «Nous sortions ensemble depuis moins d'une semaine quand il a parlé pour la première fois de la possibilité que j'emménage chez lui. Il voulait savoir ce que nous ferions pendant les vacances de Noël (nous étions en mars!) et il m'expliquait que je devais quitter mon travail à temps partiel pour me concentrer sur mes études. Il ajoutait souvent que son salaire était suffisant pour nous faire vivre tous les deux.»

Celui qui est à ce point pressé d'officialiser l'union trouve déjà qu'il en a assez de vous faire la cour. Il est prêt à obtenir la récompense qui lui revient légitimement après avoir été aussi gentil avec vous. Il est prêt à prendre le contrôle.

Il donne l'impression de vouloir vous isoler

A-t-il commencé à dénigrer vos parents et à vous dire que vous ne devriez pas les écouter autant? Vous a-t-il révélé qu'une de vos amies tentait de le séduire? Vous a-t-il suggéré de limiter vos contacts avec tel ou tel ami «parce qu'il était malsain pour vous»? Vous a-t-il déjà dit que vous n'aviez tous deux besoin de personne d'autre parce que vous vous aviez l'un et l'autre?

Prenez garde à l'isolement. C'est la première stratégie de ceux qui souhaitent vous contrôler et contrôler vos frontières.

Il mise sur votre crainte de le décevoir

Craignez-vous constamment de le décevoir? Marchez-vous sur des œufs? Vous dites-vous que vous le décevrez inévitablement parce qu'il s'attend à trop de vous?

Si vous ressentez le besoin de ne pas être vous-même afin de ne pas le décevoir, vous êtes en train de lui concéder votre frontière intérieure et de le laisser vous définir. Montrez-vous rapidement sous votre vrai jour et il ne pourra pas vous accuser, plus tard, de l'avoir mené en bateau.

Il vous impose sa vision de la vie

Vous dit-il régulièrement que la vie est injuste? A-t-il l'impression d'être traité injustement par son patron, ses professeurs ou les gens en général? A-t-il l'habitude de blâmer les autres pour tout ce qui lui arrive? Lui est-il arrivé au moins une fois d'avouer une erreur?

Il existe des personnes qui se sentent en contrôle de leur vie et d'autres qui ont constamment l'impression de subir les mauvais coups du sort. Si votre partenaire est dans le deuxième groupe (vous êtes en mesure de le vérifier dès les premières rencontres), il vous blâmera dès que quelque chose n'ira pas dans votre relation. S'il a pris l'habitude de chercher les responsables de ses malheurs autour de lui, il ne regardera pas en lui-même pour évaluer sa propre responsabilité.

Il a des sautes d'humeur

Avez-vous souvent l'impression d'être dans des montagnes russes quand vous êtes avec lui? Peut-il être rayonnant de joie un instant et dans une grande colère l'instant d'après? N'a-t-il pas appris à gérer ses émotions comme un adulte est normalement capable de le faire? D'après vous, s'il ne savait pas gérer son image publique, se jetterait-il par terre en tapant des mains et des pieds si vous lui refusiez un cornet de crème glacée?

Si ses sautes d'humeur vous intimident, s'il vous pointe du doigt en vous avisant de ne pas le faire choquer ou s'il semble perdre la maîtrise de lui-même, vous pouvez lui offrir son 4 % dès maintenant!

Il a un sens de l'humour douteux

Nous n'avons rien contre l'humour, bien au contraire. Un bon sens de l'humour est un signe de santé mentale. Si votre nouveau partenaire a un bon sens de l'humour, tant mieux!

Cependant, si vous êtes la cible de ses mots d'esprit, qu'il vous utilise comme tête de Turc pour faire rire ses amis ou que son humour vous rabaisse, vous pouvez déjà deviner qu'il n'aura pas beaucoup de respect pour vous le jour où il sera vraiment fâché.

Vous préférez ne pas être seule avec lui

Vous traite-t-il comme une princesse quand il y a des gens autour de vous, alors qu'il semble vous ignorer quand vous êtes seuls ensemble? Si tel est le cas, vous pouvez supposer qu'il n'est pas vraiment lui-même quand vous êtes en société et que son vrai visage vous apparaît quand vous êtes seuls. Comme nous l'avons à maintes reprises mentionné, les abuseurs sont très soucieux de leur image publique.

Ce qui vous consterne l'amuse

Vous marchez dans la rue et, devant vous, une vieille dame trébuche sur le trottoir et tombe par terre. Votre partenaire se met à rire alors que vous accélérez le pas pour aider la dame à se relever.

Votre copain apprend qu'un collègue de classe a raté un examen et que sa session est en péril. Vous l'entendez alors dire que c'est tant mieux, que ce collègue s'est toujours pris pour un autre et qu'il n'a que ce qu'il mérite. Vous n'arrivez pas à comprendre pourquoi il dit cela.

C'est quand les gens sont eux-mêmes qu'on se rend compte à quel point on peut être loin d'eux sur le plan des valeurs. Si votre partenaire s'amuse des mésaventures des autres et qu'il croit la vie injuste à son égard, vous accompagnez un individu qui n'apprendra jamais à apprécier la vie.

Mise en garde

Ces quinze signes avant-coureurs vous aideront à identifier les partenaires à risque. Avant de clore cette section, j'aimerais toutefois faire une mise en garde.

N'attendez pas de voir tous ces signes chez votre partenaire pour prendre vos jambes à votre cou. Un seul peut suffire pour vous faire déguerpir. Par exemple, s'il vous ridiculise régulièrement sous le couvert de l'humour ou si vous vous rendez compte qu'il s'énerve souvent pour des riens, prenez votre décision avec soin.

Il peut sembler y avoir des contradictions dans cette liste. Par exemple, le signe « Il parle principalement de lui » peut sembler contredire le signe « Le partage d'anecdotes n'est pas réciproque », mais il n'en est rien. Une personne peut constamment parler d'elle-même et ne rien révéler de ce qu'elle a vécu ou de ce qu'elle pense.

Dans certains cas, l'apparition d'un signe ne veut pas dire pour autant que vous soyez en présence d'un abuseur potentiel. Par exemple, certains prétendants sont maladroits et leur nervosité aura pour effet de saboter leur sens de l'humour, ce qui vous donnera l'impression qu'il vous prend pour sa tête de Turc. Dans le même ordre d'idées, s'il vit présentement de graves problèmes au travail, il peut être normal qu'il donne l'impression de penser que le monde est injuste.

Puisque vous en êtes aux débuts de votre relation, vous pouvez lui faire comprendre sans trop de risque ce que vous n'êtes pas prête à endurer. Ce sera le sujet de la prochaine section.

Enrayer le cycle de la violence

Si votre relation dure depuis un certain temps, que vous avez un enfant ou que vous en êtes rendus à la violence physique, n'entreprenez pas ce que nous vous proposons dans cette section avant d'avoir lu le prochain chapitre. Gardez également à l'esprit la mise en garde précédente.

Pour enrayer le cycle de la violence dans les premiers temps de la relation, vous devez commencer par passer un contrat avec vous-même. Vous devez accepter le fait que vous êtes un individu unique qui possède des frontières et qui a le droit de se définir lui-même. Ce n'est pas à d'autres qu'il revient de décider ce que vous aimez, ce que vous souhaitez faire ou ce que vous êtes.

Dans un deuxième temps, dressez la liste des comportements que vous ne supporterez plus. Vous devrez ensuite garder cette liste présente à votre esprit. Vous ne pouvez pas, par exemple, accepter d'être traitée de folle une journée et vous rebeller si l'accusation est répétée le lendemain. Il serait alors trop facile pour l'abuseur de penser qu'il vous aura à la longue. Pour rédiger cette liste, vous pouvez vous baser sur les intertitres que vous avez évalués dans le chapitre 2.

Il vous reste maintenant à communiquer votre désaccord chaque fois qu'un épisode violent surviendra. Dans certains cas (si c'est à un prétendant maladroit que vous avez affaire), un seul avertissement suffira. Dans d'autres, il vous faudra le répéter à plusieurs reprises. Il peut même arriver que la réaction de l'abuseur soit telle que vous décidiez sur-le-champ de mettre un terme à la relation.

Voyons maintenant comment plusieurs victimes ont tenté avec succès d'enrayer le cycle de la violence.

Le retrait

Nous avons vu que beaucoup d'abuseurs utilisent le retrait pour signifier leur désaccord et faire en sorte que leur partenaire se sente coupable d'avoir nui à la relation. Il ne sert à rien, dans ce cas, de tenter d'ouvrir la discussion et de lui demander ce qui ne va pas. Si c'est la voie que vous prenez, l'abuseur se murera encore plus dans le silence et vous vous sentirez davantage coupable.

> **Martine:** «Quand je vois qu'il joue au personnage de film muet, je prends un bon livre et je décroche. Au bout d'un certain temps, c'est lui qui tente de rebâtir les ponts.»
>
> **Francine:** «J'appelle une amie et je lui explique que je m'ennuyais et que j'avais envie de parler à quelqu'un. Nous parlons de tout et de rien. Il arrive même que je lui propose d'aller prendre un café. Quand je reviens, Gilles est plus ouvert à la conversation.»

Le désaccord systématique

L'abuseur qui utilise le désaccord systématique contre vous tente de contrôler votre frontière intérieure et de vous imposer sa propre vision. Il tente de vous retirer votre droit à une opinion personnelle. Pour répondre à ces gestes, il ne vous servira à rien de vous engager dans un débat prouvant vos dires. Ce match verbal vous ferait perdre une énergie dont vous avez besoin.

Contentez-vous de quelques mots : « C'est ton opinion. Pour ma part, je continue à dire que... » et changez de discussion, replongez dans votre livre ou allez marcher.

Vous êtes un individu unique et vous avez droit à vos opinions. Vous n'êtes même pas obligée de partager les mêmes valeurs. Ce droit a cependant un prix : vous vous devez de respecter ceux qui ont des opinions ou des principes différents des vôtres et les autres vous doivent le même respect en retour.

L'humour malsain

Face à l'humour malsain, le meilleur comportement consiste à faire prendre conscience à l'abuseur de ce qu'il vient vraiment de dire. S'il a été maladroit dans ses propos, il s'excusera sur-le-champ ; s'il s'agissait d'une manœuvre destinée à vous dévaluer, il se rendra compte que vous n'êtes pas dupe.

> **Magali :** « Nous allions au cinéma et j'avais hâte de lui montrer la robe que j'avais achetée pour l'événement. Quand il l'a vue, il a dit, pour rire : "Elle serait très belle sur quelqu'un d'autre." Je l'ai regardé dans les yeux et je lui ai dit : "Quoi ? Que viens-tu de dire ?" Il s'est excusé et je n'ai pas eu à subir ce type d'humour depuis.

Magali a utilisé un « quoi ? » et Luc a immédiatement modifié son comportement. Selon Patricia Evans, spécialiste du sujet, l'utilisation du « quoi ? » présente de nombreux avantages. Dans un premier temps, l'humoriste improvisé a la possibilité de repasser dans son esprit l'énormité qu'il vient de dire ; cela lui permet de comprendre votre réaction. Dans un deuxième temps, cela lui permet de s'excuser sans que vous ayez besoin d'entrer en mode confrontation. Finalement, cela prouve que vous êtes à l'écoute de ce qu'il dit et que vous entendrez également la prochaine énormité. Libre à lui d'imaginer ce qui se passera par la suite.

Une autre approche à l'humour malsain consiste à demander à l'autre s'il se sent mieux maintenant qu'il a ridiculisé vos vêtements, votre voix ou votre façon de conduire.

Les rebuffades

Il existe deux façons efficaces de réagir aux rebuffades. Vous pouvez soit demander à votre partenaire de confirmer s'il pense vraiment ce qu'il vient de vous dire, soit lui demander de cesser de vous parler sur ce ton. L'exemple suivant présente une utilisation de ces deux techniques.

— Tu fais des montagnes avec des riens.

— Crois-tu vraiment à ce que tu viens de me dire ?

— Oui. Tu fais des montagnes avec des riens.

— Je ne veux plus que tu me parles de cette façon. Je ne fais pas des montagnes avec des riens. Alors arrête !

Il aurait été possible à l'interlocuteur de reformuler son commentaire après la question « Crois-tu vraiment à ce que tu viens de dire ? », mais il ne l'a pas fait. C'est la raison pour laquelle il a été nécessaire de se rendre à l'affirmation : « Je ne veux plus que tu me parles de cette façon. Je ne fais pas des montagnes avec des riens. Alors arrête ! »

Les accusations

Les accusations ont pour objectif de vous contrôler parce que vous vous efforcerez avec le temps de modifier vos comportements pour éviter d'être à nouveau accusée.

Pour répondre aux accusations, vous avez le choix entre deux options: vous pouvez utiliser le «quoi?» ou exigez une fin immédiate des accusations.

> **Patricia:** «Quoi? Est-ce que tu penses vraiment que j'essayais d'exciter tous les gars?»
>
> **Marie:** «Je ne veux plus entendre ce genre d'accusations. Tu me connais assez pour savoir qui je suis.»

Si l'accusation sert à vous faire porter la responsabilité de son comportement, répondez simplement par: «Désolée, mais je n'ai pas ce pouvoir. Toi seul es responsable de tes actes.»

Le sentiment d'obligation

L'utilisation du sentiment d'obligation a pour but de vous contraindre à faire une action en faisant peser sur vous un sentiment de culpabilité si vous n'obtempérez pas. Face à une telle requête, votre objectif ne doit pas être de confronter votre partenaire, mais bien d'énoncer votre décision sur un ton définitif:

> **Mireille** (au retour du resto): «Je ne ferai pas l'amour avec toi par sentiment d'obligation. Je vais le faire quand ça va me tenter. Pour l'instant, c'est non.»
>
> **Josée:** «Je comprends ta décision. Tu passeras donc Noël chez tes parents. Ça me va parfaitement. Nous pourrions nous voir la veille ou le lendemain.»

Pour utiliser cette technique, vous devez procéder en cinq étapes. Dans un premier temps, vous devez être consciente de ce qui se passe en vous et capable d'analyser les émotions qui vous animent. Si vous vous rendez compte que vous allez prendre une décision qui vous est imposée parce que vous vous sentiriez coupable autrement, demandez-vous comment est né ce sentiment.

Dans un deuxième temps, évaluez la provenance de ce sentiment d'obligation ou de culpabilité. Provient-il de l'extérieur (de votre partenaire, par exemple) ou de l'intérieur, de vous (vos valeurs, vos sentiments, etc.)? Vous appartient-il?

Dans un troisième temps, si ce sentiment vous a été imposé, faites-en abstraction et demandez-vous si cette décision vous tente vraiment. Par exemple, Mireille s'est demandée si elle avait vraiment envie d'avoir des relations sexuelles et la réponse a été non. Josée s'est demandée si elle souhaitait passer Noël chez les parents de son partenaire et la réponse était non également.

Dans un quatrième temps, si vous avez décidé de ne pas succomber aux pressions, annoncez-le avec une des phrases suivantes:

— «Je comprends ta décision.»

— «Je ne le ferai pas par obligation.»

— «C'est un point de vue.»

— «Ton point de vue est intéressant.»

— «Je comprends ce que tu dis.»

Dans un cinquième temps, faites part de votre décision en la présentant comme étant finale. Vous n'avez pas à la défendre ni à l'expliquer. C'est votre décision, un point c'est tout. Prenez exemple sur les propos de Mireille ou de Josée pour terminer votre énoncé.

Vous pouvez également choisir de simplement dire: «Ne tente pas cela avec moi. Je le sais quand tu souhaites que je me sente coupable!»

Vous pouvez enfin minimiser les risques de mauvaise utilisation du sentiment d'obligation en disant non aux cadeaux trop importants, aux services trop contraignants ou aux sorties que vous jugez trop dispendieuses.

Les menaces

Alors que l'utilisation du sentiment d'obligation se base sur la culpabilité, les menaces, elles, se fondent sur la peur. Dans les deux cas, l'abuseur a recours à un sentiment négatif pour en arriver à ses fins.

Dans les cas graves, si les menaces portent sur votre vie ou sur la vie des personnes qui vous entourent, communiquez avec la police. Il s'agit d'une infraction criminelle et vous pourrez probablement obtenir une injonction interdisant à votre abuseur d'entrer en contact avec les personnes concernées.

Dans les cas moindres (style: «Je vais découcher si tu reprends tes cours de peinture»), vous pouvez répondre en vous concentrant non pas sur le sujet de la discussion, mais sur le fait qu'une menace a été faite. Vos réponses pourraient ressembler à celles-ci:

— «Ne me menace plus de cette façon.»

— «J'espère que tu ne le feras pas. Mais ma décision est prise.»

— «Les menaces n'ont plus d'effet sur moi.»

— «C'est ta décision. C'est ta responsabilité.»

La dernière réplique est particulièrement efficace parce que l'abuseur cherche justement à vous faire porter le blâme de la situation. N'utilisez cependant pas le «quoi?» dans une telle situation parce que tout ce que vous en obtiendrez, c'est une répétition de la menace.

Les punitions

Quand un abuseur brise un objet vous appartenant parce que vous n'avez pas obéi à ses attentes, il agit de la même manière qu'un petit enfant faisant une crise. Il est inutile d'entreprendre une grande discussion avec lui; c'est un geste irrationnel qu'il vient de commettre.

Il n'est pas non plus question d'user de représailles à son égard en égratignant, par exemple, sa voiture ou en «échappant» de l'eau de Javel dans son aquarium. Vous lanceriez alors une escalade dont l'issue serait imprévisible.

Il vous reste à agir comme vous le feriez avec un petit garçon fautif. Dites-lui que tel objet est cassé et que vous ne supporterez plus aucun bris. Sur ce, changez de sujet ou passez à une activité que vous appréciez.

Les épithètes

Deux options s'offrent à vous s'il vous crie des noms: vous pouvez soit utiliser le «quoi?», soit lui dire exactement comment vous voudriez qu'il vous appelle dorénavant.

Ne lui demandez jamais cela par la négative. N'allez pas, par exemple, lui dire de ne plus vous appeler la «boudeuse» ou «Miss frigidité». Il vous répondrait en choisissant simplement un autre nom tel que la «marmonneuse» ou «Miss j'ai-mal-à-la-tête».

Le déni systématique

Que faire s'il vous a traitée de putain hier et que, ce matin, il prétend ne pas s'en rappeler? Devriez-vous lui suggérer une visite chez le médecin ou lui répondre que vous vous êtes probablement imaginé l'insulte?

Que faire si son manque de mémoire revient régulièrement, toutes les fois où ça l'arrange bien? Ne commencez surtout pas à douter de votre équilibre psychologique. Ce qu'il nie a bel et bien eu lieu. Apprenez plutôt à utiliser les deux phrases suivantes:

— «Je ne te crois pas. Et je ne veux pas que ça recommence.»

— «Arrête. Je ne suis pas dupe.»

Peut-on le forcer à changer?

Non, évidemment. Toutefois, certains abuseurs, que l'on pourrait qualifier d'«accidentels», vont changer rapidement leurs comportements dès que vous aurez utilisé quelques-uns des trucs présentés à la section précédente. Ils tiennent à passer pour des gens corrects et vont modifier leurs agissements si ceux-ci risquent de nuire à leur image.

D'autres abuseurs peuvent changer à la longue, notamment grâce à un travail en thérapie, mais plusieurs ne changeront jamais. Avant de vous proposer quelques moyens pour découvrir dans quel groupe se situe votre partenaire, dressons un bref inventaire des obstacles qui peuvent l'empêcher de se transformer.

Les obstacles

Il y a d'abord la *dénégation*. Tant qu'il persistera à dire qu'il n'est pas violent et que les incidents violents survenus récemment sont de votre faute, il ne pourra pas changer. Pourquoi le ferait-il? C'est vous qui l'avez provoqué, c'est vous la responsable! C'est donc vous qui devriez changer. Autre argument: si vous correspondiez parfaitement à l'image idéalisée qu'il entretient de vous quelque part dans son cerveau, il ne serait plus violent du tout. Le seul hic, c'est que vous ne seriez plus vous-même.

Vient ensuite *son évaluation des coûts et des avantages procurés par la violence*. Tant qu'il entretiendra l'impression qu'il y gagne plus qu'il ne perd en recourant à la violence (voir le chapitre 4 à ce sujet), il continuera à vous violenter. Il faut donc incorporer de nouveaux éléments à son analyse: les risques de vous perdre, les risques pour sa réputation et les risques d'emprisonnement...

Arrive ensuite le *mythe du tapis*. Selon Pamela Jayne, certains abuseurs entretiennent le mythe qu'une bonne action en efface une mauvaise. C'est donc dire que s'ils vous ont violentée hier et qu'ils vous achètent des fleurs aujourd'hui, vous devriez leur pardonner. C'est comme balayer un plancher et cacher la saleté sous le tapis: on ne la voit plus, mais elle est encore là.

Et que dire de la *pression de ses pairs*? La partie n'est pas gagnée s'il se tient avec des amis tout aussi violents que lui. S'il change trop, il risque de les perdre. Qui choisira-t-il? De plus, tant qu'il se tiendra avec des hommes qui dévaluent les femmes, il risque d'être contaminé par leur mode de pensée.

Changera-t-il?

Pouvez-vous le forcer à changer? Non. Peut-il changer? Peut-être. Pour autant qu'il soit disposé à le faire et capable de faire face aux quatre obstacles au changement que nous venons de vous présenter. Le fera-t-il? Le principal problème pour une victime, c'est qu'il peut être dangereux de repousser un abuseur dans ses ultimes retranchements pour être bien certain que c'est possible. Voici tout de même quelques indices qui vous aideront à répondre à cette question.

1. Vous blâme-t-il encore pour la violence qu'il vous a fait endurer? Si votre réponse est oui, il n'est pas prêt à changer.

2. Blâme-t-il toujours ses parents, son enfance ou n'importe qui d'autre? Si oui, il n'est pas prêt à changer.

3. Est-il prêt à admettre qu'il a fait usage de violence à votre égard? Si la réponse est non, il n'est pas prêt à changer.

4. Vous écoute-t-il quand vous êtes en colère ou préfère-t-il vous ignorer ou lever le ton? S'il ne vous écoute pas, il n'est pas prêt à changer.

5. Est-il violent en général dans la vie? Si oui, il n'est pas prêt à modifier son comportement dans le couple.

6. Reconnaît-il que c'est consciemment qu'il vous a violentée et que ce n'est pas parce qu'il a perdu la maîtrise de lui-même à cause de la colère ou de l'alcool? Si votre réponse est non, il n'est pas prêt à changer.

7. Accepte-il de vous voir telle que vous êtes ou s'entête-t-il toujours à vous idéaliser? S'il vous idéalise toujours, il n'est pas prêt à changer.

8. Vous laisse-t-il maintenant plus de liberté ou tente-t-il encore de vous contrôler? Si vous n'êtes pas plus libre, il n'est pas prêt à changer.

Rien ne vous empêche, s'il s'engage vraiment sur la voie du changement, de lui pardonner ses gestes antérieurs. Cependant, les mots «pardon» et «amnésie» ne sont pas synonymes. Pardonnez tant que vous le voudrez, mais n'oubliez pas. Vous devez être en mesure de reconnaître les comportements violents s'ils se pointent à nouveau dans le couple.

Chapitre 6

La grande décision

Vous avez appris à faire la différence entre un amour romantique, un amour nourrissant et un amour oppressant. Par la suite, vous avez été initiée au cycle de la violence et vous avez appris à reconnaître ses différentes manifestations. Vous avez également appris à saisir au vol les justifications infondées que vous entreteniez auparavant pour expliquer les comportements de votre partenaire abusif, puis vous avez tenté de comprendre ce qui se passe dans la tête d'un abuseur. Finalement, vous avez tenté d'enrayer le cycle de la violence et vous vous êtes demandé si votre partenaire actuel était récupérable. Voilà où vous en êtes.

Ce chapitre sera consacré à la possibilité de mettre fin à la relation. Nous traiterons du processus de décision, de l'importance de penser à votre sécurité et des conséquences d'une telle décision. Répétons une dernière fois que, même si nous avons, tout au long de ce livre, présenté des couples hétérosexuels dans lesquels la femme jouait le rôle de la victime et l'homme celui de l'abuseur, d'autres possibilités existent également. Ainsi, dans certains couples hétérosexuels, c'est la femme qui abuse et dans certains couples homosexuels, l'un des partenaires a régulièrement recours à la violence.

Rompre ou rester ?

Devriez-vous mettre un terme à la relation ? Voilà une question en apparence simple qui risque cependant de vous tenir éveillée pendant de nombreuses nuits... Un observateur se demanderait pourquoi vous ne le laissez pas tomber mais vous, vous savez ce que c'est : vous êtes encore amoureuse de l'individu que vous avez idéalisé pendant la première étape de la relation, la phase de l'amour romantique.

Avant même de vous demander si vous continuez ou si vous rompez la relation, vous devez faire le deuil de cette personne idéalisée qui, en réalité, n'a jamais existé. Vous devez apprendre à voir votre partenaire actuel pour ce qu'il est vraiment. Pour ce faire, relisez les notes que vous avez prises depuis le début de votre lecture. Quand ce sera fait, posez-vous les questions suivantes :

- Votre partenaire actuel rend-il votre vie plus agréable ?

- Avez-vous pleinement confiance en lui ?

- Avez-vous des rêves communs ? des projets à deux ?

- Vous sentez-vous meilleure et plus talentueuse près de lui ?

- Vous apprécie-t-il pour ce que vous êtes ?

- Respecte-t-il les moments où vous cherchez la solitude ?

Si vous avez répondu par l'affirmative à ces questions, vous vivez actuellement un amour nourrissant. Dans ce cas, il est probable que vous ayez lu ce livre par curiosité et que vous ne viviez pas une relation violente.

Si vous êtes victime de violence, le simple fait de répondre à ces questions vous aidera à prendre conscience de l'écart existant entre celui que vous fréquentez actuellement et celui que vous pourriez éventuellement rencontrer. Plus l'écart est grand et moins vous êtes faits l'un pour l'autre.

Vous pouvez également prendre votre décision en pesant le pour et le contre. Pour ce faire, remplissez un tableau semblable à celui qui vous est présenté ci-dessous, puis suivez la même démarche que Mado, qui a rempli ce tableau.

Ce que je perds	Ce que je gagne
Mon bébé n'aura pas de père!	*Je vais regagner mon estime personnelle.*
Je vais perdre mon groupe d'amis.	*Je vais rebâtir les ponts avec ma famille et mes anciens amis.*
Je vais perdre ma réputation.	*Je vais cesser de vivre dans la crainte.*
Je vais perdre mes rêves.	*Je vais pouvoir reprendre mes activités parascolaires.*
Je vais perdre de beaux moments.	
Je vais perdre mon compagnon de lit.	
Je vais me retrouver seule.	

Dans cet exemple, Mado a inscrit ce qu'elle croyait perdre et ce qu'elle croyait gagner si elle quittait Jean-Marc. Au sortir de ce travail, elle a décidé de rompre. Si vous le voulez bien, reprenons son cheminement.

• *Mon bébé n'aura pas de père!* Au départ, cette idée monopolisait les pensées de Mado. Quand elle l'a mise sur papier, elle a pu prendre un peu de recul. La veille, Jean-Marc l'avait poussée dans les escaliers. Mado s'est dit que son fils n'avait vraiment pas besoin d'assister à ce genre d'événement et elle a biffé cette phrase.

- *Je vais perdre mon groupe d'amis.* Mado avait établi une bonne relation avec la mère et quelques bons amis de Jean-Marc. Elle sait qu'elle devra maintenant tirer un trait sur ces amitiés. Un ami de Jean-Marc, hier matin, lui a dit qu'il refusait de croire ces accusations de violence.

- *Je vais perdre ma réputation.* Jean-Marc a menacé, si Mado mettait un terme à la relation, de tout révéler de leurs ébats sexuels. Elle craint de se retrouver avec une réputation de dévergondée au cégep.

- *Je vais perdre mes rêves.* Mado désirait passer sa vie avec Jean-Marc. Elle rêvait d'acheter une maison afin qu'ils y vivent dans le bonheur. C'est une perte énorme pour elle, mais elle se rend compte, en l'inscrivant dans le tableau, qu'elle a déjà tiré un trait sur ce rêve...

- *Je vais perdre de beaux moments.* Cette relation amoureuse a beau être oppressante, Mado apprécie tout de même la phase de lune de miel. Ces moments lui manqueront assurément.

- *Je vais perdre mon compagnon de lit.* Mado devra effectivement faire une croix sur les ébats passionnés qu'elle partageait avec Jean-Marc entre les épisodes violents.

- *Je vais me retrouver seule.* Il s'agit là d'une crainte que partagent de nombreuses victimes. Si leur estime personnelle a chuté pendant la relation, elles doutent qu'une autre personne voudra un jour d'elles. Si elles ont été victimes d'accusation ou de violence sexuelle, elles ont appris à se protéger en négligeant leur apparence. Au bout du compte, elles doutent de leur capacité à retrouver un partenaire un jour.

Remarquez que ce sont là les craintes de Mado, une cégépienne de la région de Montréal. Les craintes ne seraient pas les mêmes pour une mère de 35 ans d'une petite ville de province. Dans ce cas, les craintes pourraient être les suivantes.

- *La perte de mon emploi.* Dans certains cas, il vaut mieux s'éloigner de l'abuseur et déménager. Cela sous-entend une perte d'emploi rapide. Pour cette femme, rompre avec l'abuseur, c'est rompre avec une collectivité.

- *La perte de mon logis.* S'ils habitent ensemble, la rupture forcera inévitablement l'un d'eux à partir.

- *La perte d'un soutien financier.* Comme elle n'aura plus de travail, la décision de partir est encore plus courageuse. Elle sous-entend inévitablement des sacrifices.

- *La perte de la possibilité d'utiliser un bien.* Si les meubles avaient été achetés à deux ou si la télé a été payée par l'abuseur, certains meubles (ou le téléviseur) disparaîtront forcément.

Une fois cette première colonne remplie, Mado se lance dans la rédaction de sa deuxième colonne. Voici ce qu'elle y a inscrit.

- *Je vais regagner mon estime personnelle.* Mado a réalisé que la relation avait abaissé son estime de soi. Il lui arrive maintenant de douter de ses compétences et elle se dit que si la situation empire, elle tombera si bas qu'elle ne pourra plus remonter. Elle se rend compte qu'il est temps d'agir.

- *Je vais rebâtir les ponts avec ma famille et mes anciens amis.* Ses anciens amis manquent à Mado. Progressivement, tout au long de sa relation avec Jean-Marc, elle s'est retrouvée isolée. Elle n'est plus branchée sur les rumeurs de corridor et les relations avec ses parents se sont détériorées. Elle aimerait bien rebâtir toutes ces amitiés.

- *Je vais cesser de vivre dans la crainte.* Pour Mado, ce point est le plus important de la liste. Elle n'en peut plus de ressentir l'angoisse palpable quand la tension monte dans le couple. Elle réalise qu'elle mérite mieux que le cycle de la violence; comme elle sait maintenant qu'elle ne peut changer Jean-Marc, elle décide de concentrer ses efforts sur ce qui est en son pouvoir.

- *Je vais pouvoir reprendre mes activités parascolaires.* Mado a abandonné plusieurs activités qui lui tenaient à cœur pour faire plaisir à Jean-Marc. L'idée de les reprendre la rend fébrile. Elle n'avait pas encore réalisé à quel point ces activités lui manquaient.

Au sortir de cet exercice, Mado avait pris sa décision: elle allait mettre un terme à sa relation avec Jean-Marc. Elle aurait également pu opter pour le contraire. La décision lui revenait entièrement.

Faites comme Mado. Créez un tableau des avantages et des bénéfices et commentez chaque élément en fonction de sa valeur réelle. Vous serez ainsi en mesure de déterminer si vous continuez la relation ou si vous y mettez un terme.

Comment va-t-il réagir ?

Il existe de nombreuses manières de réagir à l'annonce de la fin d'une relation. Tentons de les présenter par ordre croissant de danger.

- Certains apprennent la nouvelle stoïquement et souhaitent bonne chance à l'autre avant de s'éloigner.

- Certains vont expliquer que la rupture est impossible du fait qu'il ne faut pas priver les enfants de leur père.

- Certains vont implorer l'autre de leur donner une nouvelle chance. Ils promettent de changer et demandent à des amis communs de jouer les messagers dans les jours suivant la rupture.

- Certains refusent de croire que la relation est terminée et ils harcèlent leur ex-partenaire pendant des jours et des jours.

- Certains vont menacer de se suicider.

- Certains vont menacer de s'en prendre à la partenaire ou à une personne qu'elle aime bien s'il y a rupture. Dans ce cas, ils vont même jusqu'à dire : « Si je ne peux pas t'avoir, personne ne t'aura jamais. »

- Certains vont devenir violents et s'en prendre à leur partenaire lors de la dernière rencontre.

Pour votre sécurité, donc, vous ne devez pas prendre la situation à la légère. Vous ne pouvez pas être assurée que tout ira nécessairement bien. Nous traiterons, dans la prochaine section, des moyens à prendre pour assurer votre protection dans les jours suivant la rupture et au moment où vous l'annoncez à votre partenaire. Vous n'avez pas non plus à lui apprendre cette nouvelle face à face. Le téléphone peut très bien faire l'affaire.

Sera-t-il violent ou calme? Pour répondre à cette question, votre intuition est tout aussi valide que les études des spécialistes. Nous ne pouvons que vous offrir quelques pistes de réflexion.

Considère-t-il que la violence est normale dans un couple?

Si c'est le cas, il trouvera injustifié le fait que vous le quittiez pour un incident violent. Les risques de violence lors de la rupture sont alors élevés.

Croit-il que c'est à lui de décider quand la relation prendra fin?

Dans ce cas, il jugera votre requête ridicule. Cela peut arriver s'il est du genre à empiéter sur votre frontière intérieure et à tenter de vous contrôler par tous les moyens possibles.

Croit-il que vous lui appartenez?

Il arrive que ce soit le cas. Depuis combien de temps ne vous a-t-il pas appelée par votre prénom? Dit-il toujours «ma femme» ou «ma blonde»? A-t-il depuis longtemps cessé de vous demander votre opinion quand il organise une sortie ou qu'il invite des gens? Décide-t-il à votre place, la plupart du temps? Dans ce cas, il peut penser que vous lui appartenez et vous refuser le droit de rompre la relation.

Craint-il votre réussite ?

A-t-il peur que vous réussissiez mieux votre vie sans lui ? que vous puissiez aller plus loin et relever de plus grands défis que s'il est avec vous ? Dans ce cas, il ne souhaitera pas que vous vous évadiez. Il voudra vous garder sous son contrôle. Et pour y arriver, il sera prêt à faire n'importe quoi.

Même s'il sent la pression monter, il tombera en mode lune de miel. Il vous dira qu'il a changé, qu'il a cessé de boire ou de consommer, qu'il s'est joint aux Alcooliques anonymes ; il s'excusera, vous suggérera de faire un bébé ou vous menacera de se suicider, etc. Il fera tout pour vous faire changer d'idée et lui donner une autre chance.

Si vous succombez à ces pressions, la lune de miel continuera pendant quelque temps, puis le cycle de la violence recommencera. Si vous refusez de lui donner une autre chance et qu'il continue à vous refuser le droit de rompre, il commencera le harcèlement ; pour ce faire, il peut :

- vous téléphoner à toute heure du jour ou de la nuit ;

- vous suivre dans la rue ;

- demander à ses amis de vous suivre et de lui rapporter ce que vous faites ;

- vous expédier des fleurs ;

- vous appeler pour vous menacer si vous ne reprenez pas la relation ;

- rester stationné pendant des heures devant votre domicile ;

- multiplier les procédures légales et exiger la garde des enfants si vous en avez;

- intimider vos amis ou des membres de votre famille afin d'être au courant de vos moindres allées et venues;

- venir hanter les lieux où vous travaillez en jouant les clients intéressés;

- tenter de vous rendre jalouse en séduisant une de vos meilleures amies;

- vous expédier des lettres d'amour enflammées mentionnant tout ce qu'il a fait pour mériter votre retour;

- tenter d'entrer chez vous par infraction afin de vous « donner une autre chance » ou de régler ses comptes avec vous.

Au bout d'un certain temps, il trouvera une autre victime et vous laissera peu à peu tomber. Si cela ne se produit pas et qu'il continue à vous harceler, vous devrez vous tourner vers les tribunaux pour l'obliger à vous laisser en paix. Pour autant, bien entendu, que vous ne lui ayez pas donné une autre chance avant que cet événement se produise.

La tentation de le revoir

Vous n'êtes pas en train de devenir folle si la tentation vous prend de lui donner une nouvelle chance pendant qu'il fera sa cour post-relation. C'est tout à fait normal. Après tout, vous êtes en transition. Vous venez de quitter une vie et vous ne vous êtes pas encore engagée dans une nouvelle voie. Vous êtes en suspens et ce sentiment de vide vous incite tout naturellement à minimiser les actes de violence et à rendre plausible l'idée de reprendre la relation.

Ce qu'il importe de faire si cette idée vous tourmente, c'est de prendre une décision éclairée. Vous pouvez remplir une nouvelle fois le tableau présenté à la page 131, puis décrire ce que vous gagneriez et ce que vous perdriez en retournant avec lui. Cet exercice sera d'autant plus éclairant que vous vous rappellerez pourquoi vous avez mis un terme à la relation.

Souvenez-vous également qu'il ne s'agit pas d'un choix à la carte. Si vous retournez près de lui et qu'il n'a pas changé (ce qui est probable), vous ne pourrez pas choisir uniquement les périodes de lune de miel. Vous devrez également accepter les périodes où la tension sera à la hausse et celles qui seront marquées d'une explosion. C'est le cycle au complet que vous serez appelée à revivre.

N'hésitez pas, si vous décidez de reprendre la relation, à établir vos limites et à annoncer quels comportements, s'ils refont leur apparition, provoqueront votre départ définitif. Vous avez le pouvoir, en ce moment, d'imposer vos conditions. Ne vous contentez pas d'être vague et de dire : « Je reviens, mais des choses devront changer. » Il est beaucoup trop facile d'acquiescer à ce type d'énoncé et de vous reprocher, par la suite, de ne pas avoir été assez claire. Déterminez vos frontières et engagez-vous à les faire respecter. C'est votre sérénité future qui est dans la balance.

Si vous décidez de ne pas reprendre la relation, ne faites pas attendre votre ex-partenaire trop longtemps avant de lui annoncer la nouvelle. Plus vous le ferez attendre, moins il appréciera l'annonce.

Si vous doutez de votre choix, demandez le conseil de personnes en qui vous avez confiance et ne soyez pas trop surprise si certaines d'entre elles vous demandent si c'est une blague.

Votre sécurité

En matière de sécurité, comme nous l'avons mentionné précédemment, il vaut mieux prévenir que guérir. Pour illustrer les moyens qui peuvent être pris pour vous protéger, nous suivrons les histoires de Brigitte et de Kathleen.

Lisez cette section même si vous n'avez pas rompu avec votre partenaire. Son contenu pourrait vous être fort utile un jour.

Brigitte

Brigitte habite toujours chez ses parents. Elle est en cinquième secondaire dans un collège privé de sa municipalité. Elle se rend chaque jour à l'école à pied. La fin de semaine, elle travaille dans un club vidéo situé à environ 1 km de chez elle.

Elle vient tout juste de rompre avec Raphaël, un étudiant du cégep local. Raphaël avait pris l'habitude de la frapper quand il était de mauvaise humeur et il la suspectait de le tromper avec des étudiants du collège. La situation était rendue intenable.

Brigitte a rompu, mais elle a encore peur. Elle s'est confiée à ses parents et leur a demandé de l'aide. Ceux-ci ont rapidement répondu à l'appel. Voici ce qu'ils ont mis sur pied ensemble.

- Brigitte ne se rendra plus à l'école seule; une amie l'accompagnera. Cette même amie la raccompagnera le soir et, si cela ne lui est pas possible, un des parents de Brigitte passera la prendre au collège. C'est également son père qui assurera son transport la fin de semaine, quand elle devra se rendre au club vidéo.

- Brigitte portera toujours sur elle un téléphone cellulaire dont elle pourra se servir si elle se sent en danger.

- Un répondeur téléphonique et un système d'affichage ont été installés dans la résidence familiale. Il est donc maintenant possible de filtrer les appels. Le répondeur peut également être utile pour enregistrer les appels de menaces. Ce seront des preuves qui serviront lors d'une demande d'injonction et l'abuseur peut être averti que ses appels sont enregistrés.

- Puisque l'été approche, Brigitte partira dès la fin de juin à la campagne, chez sa tante. Mis à part ses parents, personne ne connaît sa destination.

Kathleen

Kathleen a vécu six ans avec Karl. Elle a deux filles et la rupture a eu lieu il y a une dizaine de jours. Depuis, Karl l'appelle sans arrêt. Voici ce que Kathleen a fait pour améliorer sa sécurité.

- Elle a commencé par faire changer les serrures de son appartement parce que Karl avait un exemplaire des clés.

- Elle a fait changer son numéro de téléphone. Elle aurait certes pu le débrancher la nuit (Karl l'appelait toutes les heures, de jour comme de nuit), mais elle craignait pour sa sécurité.

- Puisqu'il y avait des prises téléphoniques dans chaque pièce de son appartement, elle a mis un petit téléphone bon marché dans chacune d'elles. Elle pourra donc téléphoner de n'importe quelle pièce si Karl s'introduit dans l'appartement par infraction.

- Elle garde dans le coffre de sa voiture une enveloppe contenant assez d'argent pour payer de l'essence, de la bouffe et une chambre d'hôtel pour quelques jours.

- Elle a préparé un plan d'urgence qu'elle mettra à exécution si elle sent qu'elle est en danger. Ce plan fait maintenant tellement partie d'elle qu'elle a l'impression qu'elle le suivra automatiquement, sans trop y penser, si une crise survient.

- Elle change chaque jour de chemin pour aller mener ses filles à l'école. De plus, elle leur a appris à composer le 911.

- Elle a averti ses voisins des risques pour elle et ses filles. Ils sont en mesure de reconnaître Karl.

Que vous ayez rompu ou non, établissez un plan d'urgence. Que ferez-vous si les choses tournent mal? Où irez-vous? S'il a le plein contrôle des finances et que vous êtes encore avec lui, tentez de vous faire une petite réserve qui vous servira si vous devez fuir rapidement.

Vos partenaires naturels

Vous n'êtes pas seule. Il se peut que vous vous soyez laissé isoler et que vous ayez réduit vos contacts avec les gens qui souhaiteraient vous aider. Ayez confiance: les ponts ne sont pas entièrement coupés. Ces gens vous aiment parce qu'ils connaissent votre vraie valeur. Que vous ayez ou non rompu votre liaison, ils répondront à l'appel.

Vos parents

Vous les pensez peut-être vieux jeu et déconnectés de la réalité, mais je peux vous assurer qu'ils s'en font pour vous. Le problème, c'est que vous hésitez à leur parler parce que vous craignez que vous en direz trop et qu'ils cesseront de vous aimer. Il n'en est rien. D'autant plus que les événements récents les ont sans doute choqués et qu'ils sont prêts à ajuster leur attitude à votre égard.

Le reste de votre famille

Les autres membres de votre famille sont également attachés à vous. Ils peuvent vous héberger momentanément. Ils peuvent vous accompagner afin que vous ne marchiez pas seuls. Ils peuvent intervenir auprès de vos parents si les relations avec ces derniers sont difficiles.

Vos amis

Vous les avez quelque peu ignorés ces derniers temps, mais ils existent encore et ils vous apprécient toujours. N'hésitez pas à demander leur aide, à vous avertir s'ils voient votre «ex» dans les parages, à vous accompagner quand vous devrez vous déplacer (évitez de vous déplacer seule, du moins au début). Vous pouvez même leur demander si vous pouvez passer une ou deux journées chez eux si vous êtes constamment harcelée chez vous.

Le travailleur social

Si vous êtes aux études, il s'y trouve probablement un travailleur social qui ne demande pas mieux que de vous écouter, puis de vous diriger vers les bonnes ressources. C'est la première fois que vous vivez cette situation, mais le travailleur social en a vu d'autres. Ne vous privez pas de ses précieux conseils.

Le CLSC

Si vous n'êtes pas aux études, votre CLSC local vous donnera accès à un travailleur social ou à un psychologue.

Le refuge pour femmes battues

Si vous n'avez nulle part où vous tourner et que vous redoutez les agissements de votre partenaire (ou ex-partenaire), le refuge pour femmes battues de votre région peut être la solution. Consultez les ressources à la fin de ce livre.

La police

Les policiers interviendront lors d'une chicane avec violence physique. Le simple fait qu'un rapport a été rempli à la suite de l'intervention peut calmer votre partenaire (ou votre ex-partenaire). De plus, si vous avez obtenu une injonction lui interdisant de se présenter chez vous, mettez les voisins dans le coup et demandez-leur d'appeler la police dès qu'ils l'apercevront sur les lieux.

Votre ACEF locale

Vous pouvez également avoir besoin d'aide pour établir un budget maintenant que votre situation financière a changé.

C'est un des services offerts par l'ACEF de votre région (Association coopérative d'économie familiale).

Aide psychologique

Vous pouvez devoir chercher de l'aide même si votre « ex » n'est plus dans les parages et qu'il ne pose plus de danger. Si vous vous reconnaissez dans les énoncés suivants, trouvez de l'aide dès aujourd'hui :

• Vous entretenez des pensées suicidaires ;

• Vous vous automutilez ;

• Vous vous sentez impuissante à prendre votre vie en main ;

• Vous ne vous nourrissez plus ;

• Vous vous surprenez à frapper vos enfants, chose que vous n'aviez jamais faite avant.

Dans tous ces cas, demandez de l'aide le plus rapidement possible. Ces gens sont là pour ça.

Chapitre 7

Pour les aidants naturels

Il n'est pas facile d'assister, impuissant, à la descente aux enfers d'une enfant ou d'une amie. Il serait tentant d'imposer son point de vue ou d'utiliser la force pour convaincre sa fille de rompre sa liaison avec un abuseur. Mais est-il prudent d'utiliser la force?

> **Louise:** «Nous avons pris les grands moyens. Comme notre fille refusait de cesser de voir Victor, nous avons institué un couvre-feu et nous l'avons privée de sortie les fins de semaine. Trois jours plus tard, elle disparaissait avec Victor. Elle n'est revenue qu'au bout de deux semaines, couverte d'ecchymoses.»

Si vous êtes un parent ou un ami, les quelques pages qui suivent vous aideront à mieux faire face à la situation.

Si vous êtes le parent d'une victime

Votre enfant est-elle bel et bien une victime ou votre opposition à son couple tient-elle uniquement au fait que vous n'aimez pas son nouveau petit ami? Naturellement, votre enfant ne vous dira pas qu'elle est victime des types de violence présentés au chapitre 2. Vous devrez donc rester attentif à ce qu'elle vit:

- Porte-t-elle des marques qu'elle ne peut expliquer? Ou, si elle les explique, avez-vous remarqué qu'elle «tombe» ou qu'elle «se cogne» plus souvent qu'avant?

- Les conversations téléphoniques de votre fille et de son amoureux sont-elles idylliques ou sont-elles marquées par la confrontation? Votre enfant semble-t-elle devoir s'excuser à tout bout de champ ou justifier ses autres rencontres? Son partenaire appelle-t-il à toutes heures de la journée? A-t-il l'air de vérifier si elle est bien à la maison?

- Votre fille a-t-elle abandonné les activités parascolaires qu'elle appréciait le plus? Il se peut que ce soit parce que ses goûts ont changé, mais il se peut également que ce soit parce qu'elle y a été poussée par son amoureux.

- Son apparence a-t-elle changé? Tente-t-elle de cacher les courbes de son corps ou les marques qui s'y trouvent? Était-elle du style jupe et blouse avant d'adopter le look pantalon et col roulé? A-t-elle cessé de se maquiller?

- Avez-vous été témoin d'échanges verbaux violents? L'a-t-il traitée de noms inconvenants sans savoir que vous entendiez? La menace-t-il? S'ils sortent, l'oblige-t-il à changer ses vêtements parce qu'il les juge obscènes?

Si vous croyez qu'elle vit actuellement un amour oppressant, laissez traîner ce livre dans la maison ou placez-le dans sa chambre. Elle pourra le lire à tête reposée sans sentir que vous souhaitez qu'elle prenne une décision incessamment. Ne lui imposez pas vos volontés; après tout, ce n'est pas vous l'abuseur.

Restez ouvert et disponible. Écoutez davantage que vous ne parlez. Cela ne vous empêche pas de poser des questions, mais évitez d'adopter le rôle du parent dominant. Considérez-la comme une égale et faites en sorte qu'elle perçoive votre foyer comme un havre de paix, un endroit où elle ne se sentira pas victime d'abus.

Si vous voyez qu'elle néglige son apparence, rassurez-la sur sa valeur. Dites-lui que vous l'appréciez telle qu'elle est et que vous ne croyez pas qu'elle mérite d'être traitée comme son petit ami la traite. Elle acceptera peut-être alors de vous parler, mais il est également possible qu'elle ne pense pas encore vivre un amour oppressant.

S'ils sortent un soir, dites-lui qu'elle peut vous appeler à l'heure qui lui conviendra si elle est prête à revenir et que son petit ami ne l'est pas. Dites-lui également que vous serez disponible pour aller les chercher si elle croit qu'ils ont trop bu pour conduire. Elle n'a pas à risquer sa vie. Vous êtes là pour elle.

Ne négligez pas pour autant vos autres enfants. Ceux-ci pourraient finir par en vouloir à leur sœur. À ce sujet, vous pouvez relire la section du chapitre 4 intitulée « Les effets sur la famille de la victime ».

S'il devient évident que la relation est violente et que votre fille refuse d'accepter la situation telle qu'elle est, une bonne discussion avec l'abuseur s'impose. Celle-ci peut même être virile. Si l'abuseur est mineur, vous pouvez également communiquer avec ses parents.

Si vous êtes un ami

Si l'une de vos amies est aux prises avec un abuseur, le plus grand service que vous puissiez lui rendre est de lui faire prendre conscience que ces épisodes violents ne sont pas normaux et qu'elle ne mérite pas de subir une relation abusive. Si elle refuse de vous écouter, prêtez-lui ce livre.

Il se peut qu'elle s'éloigne de vous si la relation abusive se poursuit. Il se peut également que cet éloignement vous blesse. Ne changez pas pour autant d'attitude à son égard. Elle a plus que jamais besoin de se sentir appréciée et vous devez plus que jamais être disponible s'il lui prend l'envie de s'ouvrir.

Encouragez-la à parler de ce qu'elle vit à ses parents ou au travailleur social de l'école. Dites-lui que c'est ce que vous feriez à sa place. Elle ne doit pas s'isoler.

Surtout, ne laissez pas voir votre exaspération! Si elle s'entête à fréquenter son partenaire, cela n'en fait pas une sotte, une imbécile ou une conne pour autant. Continuez de lui rappeler ses forces, les domaines dans lesquels elle excelle. Écoutez-la et faites preuve de patience.

Si vous le pouvez, incitez-la à décrocher. Partez ensemble un week-end et ayez du plaisir.

Finalement, si la situation vous angoisse et nuit à votre bonheur personnel, consultez les ressources adéquates: parlez-en à un travailleur social ou à d'autres amis. Ne vous sacrifiez pas.

Si vous êtes parent de jeunes enfants

En tant que parent, vous pouvez minimiser les risques de voir un jour votre enfant se transformer en abuseur ou en victime. C'est dès le jeune âge, en effet, que vous pouvez agir le plus efficacement.

Commençons par le modèle parental qu'ils ont sous les yeux. Votre relation avec votre partenaire est-elle de type nourrissant ou de type oppressant? Quel exemple donnez-vous au chapitre de la violence ou du respect de l'autre et de ce qu'il est? Sachez que vos jeunes risquent de reproduire ces modèles plus tard.

Quelles valeurs transmettez-vous à vos enfants, tant par vos agissements que par ce que vous dites? Est-il clair dans votre couple que c'est le mâle qui doit être le patron, que les femmes sont là pour servir et qu'un petit cadeau suffit à faire pardonner la violence d'un soir? En quels termes réagissez-vous aux bulletins télévisés? Si on raconte un viol, par exemple, êtes-vous tenté de dire que «la pute l'avait probablement cherché»? Vos enfants ont les yeux rivés sur vous et ils emmagasinent ce que vous dites, ne l'oubliez pas.

Et puis, respectez-vous les frontières de votre enfant? Tentez-vous de lui imposer votre façon de penser, vos préférences ou vos propres aspirations? Si vous agissez de la sorte et que vous finissez par gagner, c'est une future victime que vous aurez créée.

Avez-vous tendance à répéter à vos jeunes des formules toutes faites comme «Ne parle pas aux inconnus»? Sachez, dans ce cas, que vous ne les préparez pas nécessairement à la vraie vie. Selon les statistiques, la violence provient plus souvent de personnes connues que de personnes inconnues. Ce n'est pas de se méfier des autres que vous devez leur apprendre, c'est de se protéger contre quiconque songerait à envahir leurs frontières. Pour ce faire, vous pouvez leur transmettre les éléments suivants.

- *Une bonne estime personnelle*. Ne vous contentez pas de mentionner à vos enfants leurs mauvais coups. Apprenez également à les féliciter pour leurs habiletés, leurs talents et leur vision unique du monde. Acceptez-les également pour ce qu'ils sont. Acceptez aussi leur orientation sexuelle et ne les réprimez pas en les traitant de pervers ou de désaxés si leur orientation est différente de la vôtre. Prouvez-leur qu'ils ont de la valeur afin qu'ils réagissent si quelqu'un leur disait un jour : « Tu es chanceuse de m'avoir. Personne d'autre ne voudrait de toi ! »

- *La capacité de s'affirmer.* Apprendre à un enfant à s'affirmer, c'est lui apprendre qu'il a le droit de faire valoir son opinion et que celle-ci vaut tout autant que l'avis d'une autre personne. Et sachez que vous ne respectez pas son opinion quand vous choisissez pour lui ce dont il a envie au restaurant ou quand vous ignorez ce qu'il vous dit lorsqu'il s'adresse à vous. Dans ce cas, vous pratiquez le retrait et vous préparez votre enfant à accepter le même comportement de son futur partenaire. De plus, l'incapacité à s'affirmer peut pousser certains individus vers la violence. Pour eux, c'est la fuite ou le combat.

- *La capacité de faire face aux conflits.* Si, dans votre famille, les enfants sont obligés de se taire quand ils ne sont pas d'accord, ils n'apprendront jamais à faire valoir leur point de vue ni à négocier des compromis. Dans ce cas, ils ne seront pas équipés pour se défendre quand ils rencontreront un abuseur.

- *La capacité de reconnaître le chantage émotionnel.* Si vous utilisez le chantage émotionnel à l'égard de votre enfant pendant qu'il grandit, il en viendra à croire qu'il est normal d'utiliser la culpabilité, la peur et le sentiment d'obligation ou d'y réagir. Apprenez-lui à reconnaître les manœuvres de manipulation. À cet effet, prenez garde aux membres de votre famille (grands-parents, oncles, tantes, etc.) qui pourraient être tentés d'utiliser le chantage émotionnel avec lui. Et surtout, n'utilisez pas les mots « Tu me fais de la peine quand tu fais ça » ou « Après tout ce que j'ai fait pour toi... ». De telles paroles préparent votre enfant à devenir une victime.

- *La capacité d'évaluer une relation amoureuse.* C'est par l'exemple que vous pourrez relever ce dernier défi en offrant la vue d'un couple où ce n'est pas toujours l'opinion du même partenaire qui prime, un couple qui est ouvert à la négociation, un couple où chacun des partenaires accepte le fait que l'autre puisse avoir des valeurs et des opinions différentes des siennes, un couple où les succès d'un partenaire sont toujours une occasion de célébration pour l'autre.

Armés de ces forces, vos enfants seront en mesure de tracer leurs frontières et de les faire respecter. Ils seront aptes également à distinguer une relation oppressante d'une relation nourrissante. Enfin, ils pourront à leur tour devenir des partenaires de valeur. Et vous pourrez être fier de ce que vous avez réalisé.

Aimer à nouveau ?

S aviez-vous que, selon le ministère de la Santé et des Services sociaux du Québec, 10 % des jeunes filles du secondaire subissent de la violence dans leurs relations amoureuses et que 25 % des adolescentes victimes de ce genre d'abus refusent d'en parler à qui que ce soit ? C'est en grande partie pour elles que nous avons écrit ce livre.

Il se peut que vous ayez à l'occasion trouvé nos exemples extrêmes, mais soyez assurée que nous n'avons pas exagéré. Nous avons même fait preuve de retenue. Il existe bien pire que cela.

Il y a quelques années, lors d'un accès de rage, un jeune homme de la région de Montréal poussait sa petite amie hors de la voiture alors qu'il roulait à plus de 100 km à l'heure ! Elle est morte sur le coup. Le motif de la colère était banal.

En 2002, en région de Québec, la police démantelait un réseau de prostitution juvénile dont le *modus operandi* était pratiquement toujours le même : un des membres du groupe commençait par séduire une jeune femme et lui offrait des vêtements, des repas somptueux, des sorties extravagantes. En quelque temps, la jeune femme tombait sous le charme et devenait amoureuse. C'est à ce moment-là que le jeune homme lui disait que tous ces avantages (les sorties, les vêtements, les repas) avaient un prix et qu'elle devait le rembourser en offrant son corps aux clients du réseau.

Oui, il existe pire que ce que nous vous avons présenté, mais ce n'est pas une raison pour continuer à endurer un amour oppressant alors que vous méritez mieux.

Vous êtes présentement en réflexion. Vous vous demandez probablement ce qui se passera si vous mettez un terme à votre relation actuelle et vous avez raison de vous poser cette question. La décision vous revient. Celle que vous prendrez sera la bonne. Laissez-nous cependant profiter de cette conclusion pour vous dire ce qui se produira si vous mettez un terme à la relation.

D'abord, vous regretterez votre geste. Comme nous l'avons vu au chapitre précédent, il y a des choses que vous devrez sacrifier en mettant un terme à la relation.

Par la suite, vous risquez de vous dire que vous devez absolument trouver un nouveau partenaire dans les plus brefs délais. Après tout, toutes vos amies ont un copain et vous ne voulez pas être en reste. De quoi auriez-vous l'air? Si c'est le cas, attendez. Vous devez guérir de cette relation avant de vous lancer dans une autre. Vous avez une certaine période de deuil à vivre.

Pendant cette relation, vous vous êtes construit une carapace et vous avez appris à jouer des rôles pour limiter les risques de violence. Vous devez maintenant retrouver qui vous êtes, quelles sont vos valeurs et quels sont vos talents. Il se peut que vous ayez été poussée à abandonner des activités qui vous tenaient à cœur et que vous doutiez de l'existence de votre talent parce qu'on a tenté de vous décourager. Il est aujourd'hui temps de reprendre contact avec vos forces, de réapprendre à aimer le présent et à vous aimer. Retenez que vous n'êtes pas à blâmer pour les actes de violence que vous avez subis et que vous n'avez pas à avoir honte de ce que vous avez accepté de faire pour éviter cette violence. Vous méritez le respect et vous pouvez contrôler votre propre vie. En fait, vous pouvez revendiquer le bonheur.

Il vous faudra tout d'abord vous tourner vers l'avenir et mieux vivre le présent. Il est normal que le passé vous hante toujours mais, si vous vous surprenez à entretenir la haine à l'égard de votre ancien partenaire et que vous songez à lui faire mal ou même à le tuer (ou à le faire tuer), consultez. Il existe d'autres manières de canaliser votre colère.

Il en va de même si vous nourrissez des pensées suicidaires. Consultez. Il est normal d'avoir besoin d'aide quand notre univers vient de s'effondrer. Le fait de demander de l'aide lorsque ça ne va pas prouve votre force intérieure.

Au fur et à mesure que vous vous retrouverez, vous vous épanouirez. Il se peut qu'à ce moment-là vous rencontriez un partenaire potentiel qui vise également un amour nourrissant. Il existe en effet des gens qui sont prêts à entreprendre une relation avec vous tout en respectant vos frontières, soit:

- *Votre frontière biologique.* Respecter votre frontière biologique, c'est respecter votre intégrité physique, éviter de vous heurter ou de vous imposer des relations dont vous n'avez pas envie;

- *Votre frontière sociale.* Respecter votre frontière sociale, c'est vous laisser libre de choisir avec qui vous discutez et qui vous souhaitez inclure dans votre cercle d'amis.

C'est également respecter les moments où vous souhaitez être seule et ceux où vous avez envie d'intimité ;

- *Votre frontière intérieure.* Respecter votre frontière intérieure, c'est apprendre à vous aimer telle que vous êtes, sans tenter de vous imposer un rôle idéalisé que vous devez jouer sous peine d'être violentée. C'est également accepter ce que vous ressentez sans tenter de vous imposer des envies et des goûts qui ne sont pas les vôtres. C'est, finalement, vous encourager à développer vos talents, vous féliciter pour chacun de vos accomplissements et prendre plaisir à vous voir réussir.

Si ce respect est réciproque, il permet l'épanouissement d'une confiance mutuelle qui servira de terreau au développement de cette relation amoureuse nourrissante dont vous rêvez tous les deux.

Vous le sentirez quand vous serez prête pour cette prochaine relation. Vous serez alors mieux à même de reconnaître les signes avant-coureurs des prétendants dysfonctionnels. Entre-temps, prenez soin de vous, réapprenez à vous aimer telle que vous êtes et ne vous contentez plus jamais d'un partenaire qui est incapable de faire de même.

Ressources

Voici une série de sites Web à consulter pour aller plus loin. Rappelez-vous : si vous craignez votre amoureux, ne faites rien sans être entrée en contact avec des professionnels.

http://www.teljeunes.com/
En plus d'offrir de l'information sur les relations amoureuses, Tel-jeunes offre une foule de conseils sur différentes préoccupations telles que le taxage, le suicide et la violence.

http://www.gai-ecoute.qc.ca/
Gai Écoute offre gratuitement des services d'aide et des renseignements à l'intention des personnes intéressées par les questions relatives à l'orientation sexuelle.

http://www.jeunesse.sympatico.ca/fr/
Jeunesse J'écoute offre des services d'écoute téléphonique et un forum de discussion portant sur différents sujets.

http://www.msss.gouv.qc.ca/violence/violence.html
Dans ce site Web du gouvernement du Québec portant sur la violence, vous trouverez tous les numéros de téléphone des organismes pouvant vous aider.

Les travailleurs sociaux en milieu scolaire et les CLSC sont également des ressources à considérer.

Lectures suggérées

Bach, George Robert. *Stop! You're Driving Me Crazy!*, New York, Putnam, 1979, 221 p.

Bancroft, Lundy. *Why Does He Do That?: Inside the Minds of Angry and Controlling Men*, New York, Putnam, 2002, 408 p.

Evans, Patricia. *Controlling People*, Maine, Adams, 304 p.

Evans, Patricia. *The Verbally Abusive Relationship: How to Recognize It and How to Respond*, Maine, Adams, 1996, 223 p.

Forward, Susan. *Emotional Blackmail: When the People in Your Life Use Fear, Obligation and Guilt to Manipulate You*, New York, Quill, 1997, 254 p.

Forward, Susan. *Toxic In-Laws: Loving Strategies for Protecting Your Marriage*, New York, Harper Collins, 2001, 286 p.

Jayne, Pamela. *Ditch That Jerk*, Californie, Hunter House, 2000, 228 p.

Kennedy Dugan, Meg et Roger R. Hock. *It's MY Life Now*, New York, Routledge, 2000, 255 p.

Levy, Barrie. *In Love & in Danger*, New York, Seal Press, 1997, 116 p.

Levy, Barrie et Patricia Occhiuzzo Giggans. *What Parents Need to Know About Dating Violence*, Washington, Seal Press, 1995, 170 p.

Nazare-Aga, Isabelle. *Les manipulateurs et l'amour*, Montréal, Les Éditions de l'Homme, 2000, 212 p.

Samson, Alain. *Affirmez-vous!*, Montréal, Les Éditions Transcontinental, 2002, 104 p.

Samson, Alain. *L'ABC de la manipulation: les connaissances de base*, Drummondville, Société-conseil Alain Samson, 2003, 157 p.

Samson, Alain. *Rebondissez!: Apprenez à développer votre résilience*, À paraître.

Samson, Alain. *Un collègue veut votre peau*, Montréal, Les Éditions Transcontinental, 2001, 96 p.

Table des matières